CRÓNICAS DE UN TAXISTA FRONTERIZO

CRÓNICAS DE UN TAXISTA FRONTERIZO

HÉCTOR M ENRÍQUEZ

Copyright © 2021 por Héctor M Enríquez.

Library of Congress Control Number: 2021908524
ISBN: Hardcover   978-1-6641-7073-5
          Softcover   978-1-6641-7072-8
          eBook   978-1-6641-7071-1

Todos los derechos reservados. Ninguna parte de este libro puede ser reproducida o transmitida de cualquier forma o por cualquier medio, electrónico o mecánico, incluyendo fotocopia, grabación, o por cualquier sistema de almacenamiento y recuperación, sin permiso escrito del propietario del copyright.

Las personas que aparecen en las imágenes de archivo proporcionadas por Getty Images son modelos. Este tipo de imágenes se utilizan únicamente con fines ilustrativos.
Ciertas imágenes de archivo © Getty Images.

Información de la imprenta disponible en la última página.

Fecha de revisión: 05/07/2021

Para realizar pedidos de este libro, contacte con:
Xlibris
844-714-8691
www.Xlibris.com
Orders@Xlibris.com

CONTENIDO

Agradecimientos ix
Introducción xi

I. Yo el taxista 1
II. La vida en la frontera 5
III. Trifulca de taxistas 13
IV. De niño a negociante: "limones, limones" 16
V. El viaje al CERESO 20
VI. Taxistas, tránsitos y aduanales 29
VII. Homicidio imprudencial 32
VIII. Un viaje de bares y dominó 35
IX. Robo a mano no armada 41
X. Dinero, sexo y alcohol 43
XI. Un viaje de balde 46
XII. El baño sauna 50
XIII. De taxista a piloto 54
XIV. De piloto a sobreviviente 64
XV. De taxista a carnicero 68
XVI. De taxista a sicólogo 74
XVII. De taxista a empresario 80
XVIII. Del taxi a la Serie Mundial 86
XIX. De taxista a concesionario 91
XX. De taxista a actor 94
XXI. De taxista a director de cine 100
XXII. Los ángeles de la guardia de los taxistas 103
XXIII. De taxista a escritor de libros 106
XXIV. De taxista a enfermero 109
XXV. El comienzo de una nueva etapa 115

**Para mi familia, a quienes incluyo
a los taxistas.**

AGRADECIMIENTOS

Quiero agradecer a cada uno de los taxistas su sonrisa, ese buen servicio, pero sobre todo su gran amor que tienen a su profesión al estar frente del volante y llevarnos a nuestro destino cotidianamente. Es importante reconocer a todas las personas que directa e indirectamente me apoyaron en este proyecto y a quienes me ayudaron infinitamente para cumplir el objetivo de publicar las *Crónicas de un taxista*. Agradezco a mi fenomenal esposa y a mis tres hijos, quienes tienen una gran calidad humana. Una respetuosa gratitud a la Doctora Diana Natalicio quien siempre me apoyó con mis locas ideas, me trató siempre con un gran respeto profesional y con mucha dignidad. Agradezco las enseñanzas de mis mentores y amigos, al Dr. Fidel De León, al Dr. Arturo Pérez y al Dr. Richard Ford. No hubiera sido posible este libro sin la ayuda del Dr. Richard Teschner y sus satíricas críticas las que me ayudaron a entender el intrincado mundo de la academia, un hermano para mí. Gracias por la retroalimentación de Marilú Gámez, Karen Santamaría, Daniel Centeno y la ayuda de Gabriel Ávila, quienes se tomaron el tiempo de escucharme. También agradezco a todos los personajes que aquí aparecen, pues son parte de esta obra.

INTRODUCCIÓN

Ciudad Juárez y El Paso son dos ciudades hermanadas por su gente. Los que nacimos en esta frontera sabemos quienes y como somos. La frontera ha crecido vertiginosamente los últimos veinte años por la continua llegada de personas del interior del país. Aquí en este libro, les comparto algunas de las historias y escenarios de este paisaje fronterizo y las escribo con mucho cariño para todos los taxistas. Cada viaje en un taxi representa un pequeño lapso de nuestra vida al destino donde habremos de llegar. La mayoría de los choferes quedan en el anonimato después de cada viaje, aunque algunos de ellos dan sus servicios a algunos clientes recurrentes por muchos años. En este libro deseo compartirles parte de mis experiencias como chofer y algunas otras actividades desarrolladas en diferentes campos, algunas de ellas logradas gracias a mi profesión como taxista. Mis historias no son menos ni más importantes que las de cualquier otro taxista, sino igual de fascinantes a las de muchos de ellos. Los clientes me ayudaron a enriquecer mi vida y algunos me dieron una oportunidad de vida incomparable. Los clientes son personajes que potencialmente nos pueden llegar a ayudar a cumplir nuestros sueños, situación que no debemos de desaprovechar nunca. Los invito a subirse a mi taxi y leer algunas de las historias en mi desarrollo como chofer, carnicero, piloto, profesor, etc. Espero que cada uno de estos relatos sean de su agrado, pues son parte del legado de nuestra frontera, la cual se distingue por su diversidad cultural y lingüística. Estas historias son el resultado de los viajes de un taxista, las cuales se puede resumir en un enunciado: "el espectáculo de la vida cotidiana para llegar a un destino".

Espero saboreen de estas andanzas por Ciudad Juárez y El Paso, ciudades que nos hacen muy especiales culturalmente hablando. Los invito a recorrer nuestra ciudad de los años 60's hasta el día de hoy a través de los ojos de un taxista, un paisaje lleno de matices.

I
YO EL TAXISTA

"No hay mayor mal que el descontento de cada cual."

ERA EL VERANO DE 2017 cuando iba en un taxi en Nueva York. Viajaba en el asiento de enfrente mientras que mi esposa y mis dos hijos ocupaban los asientos traseros. Me parecía un viaje de ensueño visitar esa ciudad porque la había visto sólo en películas y documentales. La ciudad era más imponente en la realidad. Sorprendido veía aquellos edificios que interrumpían la luz solar y donde proliferaban los taxis amarillos los cuales parecían multiplicarse por doquier. Miraba los edificios de arriba hacia abajo una y otra vez con sus enormes ventanales, al llegar mi vista a la parte del primer piso, podía ver las maquetas de los anuncios de las franquicias de comida, de ropa, de farmacias y un sinfín de negocios desconocidos para mí. Las personas de todos colores caminaban como robots, con su mirada fija en sus teléfonos móviles, o mirando hacia enfrente con una expresión de "ya mero llego". Cuando salimos un poco del centro de la ciudad, noté que el taxista iba serio y parecía que se sentía a disgusto al conducir. Le pregunté qué de dónde era, pues yo quería establecer una conversación, ya que recordaba mi antiguo oficio de taxista y siempre disfrutaba la conversación con aquellos pasajeros que me solían hacer esa pregunta.

Cuando yo era taxista siempre tenía una respuesta ensayada a las preguntas de siempre para agradar a los pasajeros. Cuando me preguntaban mi origen, siempre contestaba que era de Cd. Juárez, aunque la verdad había nacido en El Paso Texas, ciudad de la cual no sabía nada en ese tiempo pues mis padres siempre habían vivido en la frontera del lado mexicano. El taxista neoyorquino me contestó que él era de Nigeria y me decía que su trabajo era temporal, pero lo dijo como avergonzándose de su ocupación. En eso le mencioné que lo felicitaba por ser taxista porque yo amaba esa profesión pues había sido chofer. Me miró con cierto desdén.

Volteé a ver a mi esposa y me miró con una sonrisa a medias, como diciendo "otra vez vas a contar tu historia de taxista".

En eso le mencioné al chofer, "yo fui taxista en Cd. Juárez" y le empecé a contar mi historia.

Le comenté que el haber manejado un taxi había sido la aventura más fascinante de mi vida, pues era la una profesión con muchas otras profesiones escondidas. El nigeriano neoyorquino sorprendido no lo entendía, creo que porque no era la profesión a la que él se aferrara en ese momento. Él se atrevió a preguntarme a qué me dedicaba en ese momento y le dije que era profesor en la universidad.

Doblemente se quedó sorprendido, pues no cotejaba el contexto de un taxista con un profesor.

Una vez más el chofer del taxi me dijo, con un cierto desprecio, -"ser taxista no es un trabajo digno como para quedarse a ejercerlo para siempre"-.

En aquel momento se vino a mi mente como un latigazo la imagen de mi padre, quien apenas sabía leer. Recordé lo orgulloso que él se sentía de su trabajo como taxista. Mi padre, como taxista, tuvo la oportunidad de aprender su parco inglés con los clientes y tiraba la *totacha* necesaria con las frases necesarias para sobrevivir. Como taxista él conoció a todos sus amigos. En esa profesión aprendió de la crueldad de la sociedad, pero también de la compasión que debemos tener para aquéllos que suben y lloran en el respaldo de un taxi por dolor de un desengaño, de un fallecido o un divorcio. Lo más importante al final del día es que ser taxista es un trabajo que da para vivir decentemente y da para llevar el sustento a la mesa día a día.

El chofer nigeriano no se daba cuenta de todas las oportunidades ofrecidas al manejar un taxi. Se estaba perdiendo la oportunidad de usar aquellas relaciones interpersonales que pueden ser un trampolín para el enriquecimiento personal. Durante mi vida había conocido a muchos taxistas en otros tantos países en mis viajes alrededor del mundo, pero este chofer neoyorquino era el más triste y apático de los conductores: sin diálogo, sin entereza y haciendo un trabajo sólo por sobrevivir. Decidí entonces contarle algunas de mis historias como taxista fronterizo.

Estoy seguro de que todos nosotros tenemos historias fascinantes para contar, pero no nos atrevemos a escribirlas porque pensamos que no tienen mayor importancia, pero lo que yo aprendí en el taxi como chofer, es que cada historia es como nuestro ADN, único e irremplazable de imitaciones. Cada historia es singular, sobre todo si éstas las hilamos a nuestro contexto o a nuestra infra- historia. La única interpretación de nuestros relatos es que nos pertenecen y no hay ninguna otra persona quien las posea. Cada momento de nuestra vida hace una diferencia única que repercute en nuestra vida, en nuestra familia y en nuestro entorno.

Cuando yo manejaba el taxi los pasajeros me contaban historias de sus lugares de origen, de sus decepciones amorosas, de sus alegrías al visitar la ciudad, de sus prisas de llegar a una boda, la tristeza de ir a un divorcio, de sus citas personales o laborales. Mientras yo los escuchaba, pensaba en mis propias historias. Estos relatos de los clientes enriquecieron y cambiaron mi vida de una manera positiva y me pude enriquecer a temprana edad. Algunas veces no asimilé muchos de los diálogos de los clientes en ese momento, tal vez porque no entendía la vida a los dieciocho años o quizás por la complejidad de la vida de los mayores, pero fue cuestión de ir madurando para que tomaran sentido. Me fui dando cuenta de la importancia al estar frente al volante cuando subía un pasajero dentro de mi coche. Todos los taxistas somos un guía turístico, un confidente, un psicólogo, un confesor, un consejero, un experto de lugares y restaurantes, un escuchante, o a veces un parlanchín, como algunos choferes quienes no saben callar para escuchar. Al final del viaje el taxista es un profesionista que cumple con su misión: llevar y llegar al destino tan ansiado de cada pasajero. Es vital la profesión de los taxistas, porque como a los doctores, siempre les confiamos nuestra vida misma y nuestro destino en un trayecto de nuestra existencia.

Doy gracias por ser taxista, pues logré muchos de mis sueños, como volar un avión, asistir a la universidad, enseñar, emprender, pero sobre todo comprender y compartir lo que la vida me brindó a través del enriquecimiento de todos aquellos consejos de los pasajeros que llevé a su destino. Así comienza el viaje de mi vida como taxista…

II
LA VIDA EN LA FRONTERA

*"Si busca usted un hombre que la sepa escuchar
y haga lo que usted le diga y además la lleve
a donde usted quiera, súbase a un taxi"*

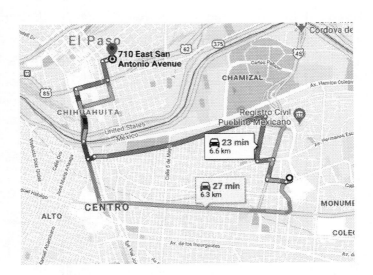

ME TOCÓ SER TAXISTA por dos razones: primero, porque Dios me tenía preparada una vida diversa y dispersa. Segundo, porque me asignó al padre más maravilloso y tolerante, quien me enseñó el oficio de taxista desde niño. En la década de los sesenta, nuestros padres no querían que fuéramos sino sacerdotes, licenciados o doctores. A mi padre ninguna de estas profesiones le venía bien, él apenas sabía leer y su única idea era vivir una vida simple y sin complejidades: ser taxista.

Tuve tres hermanas muy simpáticas: Paty, la mayor, siempre me cuidaba y me defendía. Era muy entrona a los moquetes con los otros niños cuando me pegaban, pues yo era medio *ñango* y debilón. Ella no le temía a nada; siempre me sentí protegido por ella. Lorena era menor; era medio asustadiza y muy mentirosa, un año menor que yo. Elvia era la menor, a quien le gustaba andar de casa en casa con los vecinos cuando era niña y creo que hasta la fecha. Siempre estuvimos juntos en casa bajo el cuidado de una sirvienta, pues mi madre tenía sus miedos y no quería que nos separáramos cuando ella se iba a su trabajo en El Paso Texas. Disfruté mucho mi infancia porque jugaba con mis hermanas todo el día. Pienso que eso de jugar con mujeres de niño fue bueno, porque cuando uno crece, ya sabe uno de alguna manera el teje y maneje con el cual se va a enfrentar al tener una pareja.

Mi madre solía trabajar en una tienda de ropa llamada *Myrons* en El Paso, donde según ella vendían la mejor ropa, allí iban de compras las artistas del mundo de las telenovelas de ese tiempo. Mi madre platicaba el haber atendido a María Victoria, a Ian Eory y a otras personalidades del mundo de la farándula. Mi madre era una mujer muy trabajadora y me contaba aquellas historias del mundo de la vendimia con mucha pasión. Todos sus hijos nos sentíamos muy orgullosos de su profesión y aprendimos el oficio de vender. Mi madre me enseñó que vender era todo un arte. Ella me decodificó los trucos del mundo de la compra y venta conforme iba yo creciendo. Mi madre tenía un gran amor por su profesión de vendedora, pues realmente era como tener un título profesional porque ganaban bien y además le pagaban extra de acuerdo con lo que vendía, mi madre siempre fue la número uno en ventas en esa empresa. Mi padre, cuando salía temprano de su trabajo, solía llevarnos por ella en el taxi a la tienda donde ella trabajaba. Cuando llegábamos a los aparadores de la tienda donde laboraba, mi madre se alegraba al vernos y nos llevaba a saludar al dueño de la tienda, a Mr. Shinner, como ella le decía. Mr. Shinner era judío y siempre estaba trabajando duro, haciendo labores que hoy en día se delegan a los empleados, como limpiar, barrer o acomodar la ropa en los armarios, etc. Creo que Mr. Shinner quería mucho a todas sus vendedoras y ellas lo respetaban muchísimo pues él era muy buena persona.

Mi madre tenía su "Green Card" y arregló su residencia legal en Estados Unidos cuando en su pubertad se la llevó a trabajar mi querida tía Meche a Mercedes, Texas. Allí fue donde le consiguió un trabajo de sirvienta con el jefe del Departamento de Migración de aquellos años. Esta familia gestionó sus papeles para su estancia legal en los Estados Unidos. Eso de arreglar papeles hubiera sido imposible el día de hoy con tanta complejidad de las leyes de inmigración. A mi madre nunca le gustó hablar de esa época, de los cuarentas, pero debe de haber sido una condición emocional muy fuerte porque se quedó huérfana desde pequeña. Tuvo que aguantar hambres, vejaciones y abusos. Siempre se refirió a estas personas de Mercedes con mucho respeto y cariño, como si fuera su familia misma. Gracias a ellos mi madre pudo trabajar en Estados Unidos y dar a luz a todos sus hijos del lado estadounidense, práctica común en la frontera de las madres en la década de los cincuenta hasta la fecha de hoy.

Mi padre trabajó como taxista en Ciudad Juárez desde que se casó con mi madre hasta que murió. Él era originario de Las Varas, Chihuahua y se fue a vivir a Ciudad Juárez. Las personas de Chihuahua y de Casas Grandes quienes vivían en la ciudad, conocían a mi padre como el *gasero*, pues trabajó como chofer, repartiendo gas butano, suministro tan común en aquella época en esas ciudades. Nunca me platicó los detalles de ese trabajo, pero ha de haber sido muy duro cargar tanto tanque día a día.

Mi padre rentaba una concesión de taxi en el sitio Camino Real y todas las mañanas, después de arreglarse y *ponerse línea*, salía entusiasmado para ponerse frente al volante. Nunca se quejó de su trabajo y de su profesión, pues de allí salía el sustento para poder dejar el "chivo" todas las mañanas. La palabra *"chivo"* no tenía ninguna connotación con el animal, pero después de los años supe que era una palabra italiana que significaba comida, por alguna razón se adoptó en algunas partes de México. Religiosamente mi padre siempre dejó *el chivo* antes de partir al sitio y si se le llegara a olvidar dejarlo, se devolvía para que no faltara comida en la mesa. No sé si bastaban dos dólares como *chivo* en ese tiempo, pero equivalían a veinticinco pesos, dinero que rendía mientras hubo estabilidad en la economía mexicana hasta la década de los ochentas.

De niño yo jugaba con mis tres hermanas al papá y a la mamá. Se imaginarán que siempre me tocaba ser el papá, pero la verdad yo también quería ser la mamá y quería cambiar de ropa a aquellos muñecos cabezones de nuca redonda y ojos azules que "Santo Clos" les traía a mis hermanas. Aquellos muñecos cerraban los ojos cuando uno los recostaba, como si fueran bebés de verdad. A mí padre no le parecía mi desenvolvimiento con puras niñas y un día decidió que anduviera con él en el taxi, cuando menos por las tardes. Esa idea a mi madre no le parecía porque me exponía al peligro, según ella.

Tendría yo como cinco o seis años y mi madre me dejaba con mis hermanas en casa, con mamá Fina, la sirvienta. No éramos ricos, pero en aquel tiempo hasta las clases bajas tenían una persona que les ayudaba en la casa. A nuestra niñera le decíamos "mamá Fina", su nombre era Josefina y nos cuidaba mientras nuestros padres trabajaban. Mamá Fina nos cuidó desde pequeños hasta mis nueve años.

Mi tío Miguel, personaje inolvidable de mi infancia por el gran cariño que me tenía, solía ir a la casa consistentemente cuando vivíamos en la calle Rafael Velarde en el mero centro de Ciudad Juárez. La casa estaba enfrente de la escuela primaria *Revolución*, donde según el famoso cantante Juan Gabriel asistió a su primaria. Recuerdo que veía a mi tío Miguel en la cama con mamá Fina cuando mis padres no estaban. Ha de haber sido una relación amorosa de concubinato, a esa edad uno sólo siente la alegría de ver a las personas queridas felices y contentos, como era el caso de mi tío y mamá Fina. Al crecer até cabos al saber que Sonia, hija de mamá Fina, fue producto de esa relación. Esta verdad se supo cuando mamá Fina nos lo dijo antes de morir por un cáncer mal atendido.

Durante la hora de comida, mi padre solía venir a comer a casa entre la una y las dos de la tarde, cuando salía a un viaje, así se le llamaba cuando uno tenía cliente en el taxi. Esa era mi hora predilecta, pues sabía que había una posibilidad de que mi padre me llevara con él. Era muy emocionante para mí, ir en un Chevrolet 62 con asientos de hule, los cuales lo quemaban a uno si no sabía uno como subirse para mitigar el calor del verano. Mi padre siempre tenía unos respaldos de piel portátiles con resortes; estos ayudaban reducir el tremendo calor del hule en el verano. Al sentarme al lado de él, mis ojos quedaban a la altura del switch de ignición y me llevaba mucho la atención la llave atada a un pequeño llavero, el cual asemejaba una correa para pegarles a los caballos. Claro era una réplica en miniatura de una cuarta. Esas curiosidades mexicanas, al igual que los respaldos de cuero y el sombrerito de charro colgado en el espejo retrovisor, eran obsequiadas por los dueños de las tiendas de curiosidades y artesanías mexicanas cuando mi padre llevaba a los clientes de compras al Pronaf, al Centro Artesanal, al Décor y al Mercado Juárez. Había una gran promoción de artesanías para los turistas quienes venían del lado estadounidense a visitar la frontera: los turistas compraban sombreros, sarapes, huaraches, además de poder comer suculentos platillos mexicanos al aire libre en el mercado.

Recuerdo, como si fuera ayer, los colores de los taxis amarillos con los toldos verdes o rojos, según el sindicato al que pertenecían, a la CTM o a la CROC. Me sentaba en la acera de la estación de taxis y observaba como se movían los coches lentamente de un lugar al otro para avanzar un lugar en la fila. Veía cuidadosamente el color de las llantas y me preguntaba por qué unas tenían una franja blanca y otras no, mi padre me explicaba por qué unas eran más baratas que otras, yo siempre le creía todo.

A veces a mi padre le tocaban clientes que solicitaban ir a comprar vidrio soplado. Cuando llegábamos a la fábrica, aquello para un niño era como un parque de diversiones por los colores, el ruido del horno y las figuras multicolores que allí había. La fábrica de vidrio estaba ubicada en las calles 16 de Septiembre y Ecuador, donde había un gran horno que bramaba al estar encendido. Los sopladores de vidrio sacaban y metían pedazos de aquella masa transparente que parecía un chicle gigante de colores, para luego darle diversas formas. Para mí ese lugar era mágico, porque convertían un pedazo de masa chiclosa en diferentes utensilios, como floreros, figuras de animales, monitos que asemejaban diferentes profesiones como músicos, ciclistas, etc. Era un espectáculo fenomenal de formas y colores.

Los clientes "gabachos", como les llamábamos, muchas veces nos invitaban a comer y nos pagaban la cuenta mientras los esperábamos durante sus compras. Mi padre hablaba con muchos de los marchantes al esperar a los clientes. Después de varias horas los recogía en el mismo punto donde los había dejado en el mercado una vez que concluían sus compras. Allí conocí a muchos de los futuros proveedores de comisiones que en años posteriores me pagarían a mí por los clientes que les llevara.

Los vendedores del Mercado Juárez me regalaban dulces, baleros, trompos y demás cuando mi padre me llevaba con él. Siempre les parecía una excentricidad que un taxista trajera a su niño en el asiento del taxi. Mi padre estaba orgulloso de llevarme por doquier. Nunca me desesperé al estar en el taxi o esperar a los clientes. Estar en el sitio o en los viajes, era tiempo de observación y aprendizaje para mí, además de estar al lado de la persona quien más he querido en mi vida: mi padre.

Creo que esa estimulación visual, verbal, plagada de olores y sonidos, me dio la capacidad de poder analizar y lograr mis objetivos en la vida. Me acuerdo de que me atraían mucho los colores en el mercado y las texturas de aquel mundo mágico multicolor. Siempre había un constante intercambio de compra y venta en el mercado, ahí pude entender el trabajo de mi madre y la capacidad lingüística que se requiere para vender. Yo observaba todo aquello con la admiración que requería el desempeño de los comerciantes y compradores. Aprendí lo que era el arte del regateo.

Las personas importantes, dueñas de negocios, trataban bien a mi padre porque siempre les llevaba clientes a su negocio. Eso se apreciaba y siempre se pagaba una comisión por esos compradores que ayudaban a la economía de todos los involucrados.

En el mercado había también clientes citadinos, quienes venían a comer, sobre todo los tacos de morcilla. Muchos de los clientes regulares conocían a mi padre y lo saludaban con mucho respeto, siempre fue un hombre tranquilo. Los olores de las frutas, la comida, el brillo de las vidrieras, el hule del taxi, el olor de mi padre, todo los llevo en mi corazón y son parte de mi genética.

Al regresar de algún viaje en el taxi, era importante volver a coger otra vez la cola, o sea la fila, desde atrás. Tiempo para airar las nalgas y platicar con los otros choferes. Si había uno o dos taxis en la línea, pues era bueno, pero había días que era lento el movimiento de la línea para coger un viaje. Había días donde no se movía por horas ningún carro por falta de clientes. Había que esperar mientras el calor del verano transcurría lentamente. Los choferes dormitaban debajo de los árboles que había en nuestra acera del sitio. La esperanza siempre estaba en cada uno de los choferes de salir con un buen cliente. Había varias posibilidades de salir a un viaje: contestar el teléfono, salir de primera con un usuario, ser llamado del hotel o esperar una llamada de un cliente personal preguntando por uno. No había en ese tiempo telefonía celular sino un teléfono estacionario.

Mi padre nunca se desesperaba, siempre me decía, "nos va a tocar el bueno".

Eso representaba varias posibilidades para mi padre: salir al aeropuerto, llevar a los gabachos de compras o llevar a algún cliente con las prostitutas en los prostíbulos (única situación donde mi padre me dejaba en la estación de taxis, encargándome con los otros choferes). Parecía increíble pero siempre "le tocaba el bueno". Esto era el blanco de las envidias de los otros taxistas del sitio hacia mi padre, a quien poco le importaban los celos de los otros, ese sentimiento dañino de la envidia nunca lo llevó en su corazón, aprendí de él a no tenerlo tampoco.

Hasta la fecha todavía no me puedo explicar cómo le hacia mi padre para tener esa fiel convicción de que le tocaría el bueno y siempre le tocaba. Posteriormente lo entendería con las teorías de metafísica explicadas por mi gran amigo Miguel Robles, quien me decía que lo que uno deseara, era lo que uno atraía, la llamada "ley de la atracción". Nunca pensé que posteriormente toda la fuerza del pensamiento podía hacer estragos positivos en la vida de una forma tan impactante en mi vida.

Cuando mi padre me decía, "súbete Topo Gigio, vámonos", era momento de llevar clientes. Era mi apodo por el personaje de televisión creado por Raúl Castro en los sesentas, pues yo tenía unas orejas muy grandes como el ratón llamado Topo Gigio. Hay una edad en la niñez donde todavía no tenemos una forma definida y el cuerpo está mal proporcionado. En la infancia algunos nos vemos medio raros, pues tenemos orejas grandes, ojos bizcos u otras características de las cuales las personas se ríen de uno. Cuando uno es niño y sus padres le dan el apoyo moral cuando otros se burlan de uno, aquello no tiene gran impacto en uno, simplemente le templa el espíritu a uno. En aquellos años no había ninguna connotación negativa o legal de "bulling", simplemente era un aspecto físico que con el tiempo se mejoraría. Los padres mismos nos llamaban por nuestro sobrenombre y no pasaba nada, hasta la fecha recuerdo con gran cariño cuando mi padre me llamaba por mi sobrenombre.

III

TRIFULCA DE TAXISTAS

"Calienta más una mentada que una estufa"

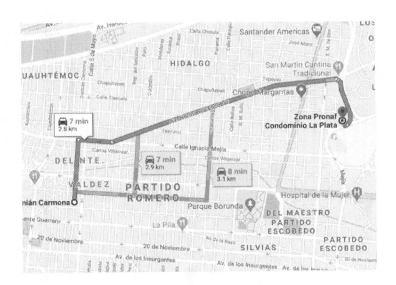

EN LA ESCUELA PRIMARIA uno la aguantaba, o la aguantaba, con los apodos dados por los compañeros, no había quejas ni demandas, todo se solucionaba a trompadas y a mano limpia. Mi tío Miguel me enseñó a defenderme con la *mentada de madre* cuando se me acabaran los recursos de los puños. Mi tío era muy mal hablado y siempre agregaba una mala palabra antes o después del sustantivo en cada oración y eso le daba un cierto poder al mensaje. Creo que todas las malas palabras me las enseñó él. Yo las aprendía y cuando las repetía, él se atacaba de la risa por mi falta de dicción al hablar. Mi madre me decía que yo no aprendí a hablar bien hasta los siete años, pero creo que si mi tío no me hubiera dado las clases de malas palabras, probablemente me hubiera tardado más para desarrollar mi lenguaje. Ahora sé que en ese tiempo hubiera sido diagnosticado como niño con espectro autista.

Recuerdo que un día mi padre estaba en el séptimo lugar de la fila del sitio, cuando dijo que iba a cortarse el cabello a la peluquería mientras que su taxi llegaba a primera.

Les dijo a los choferes, "cuídenme al Topo Gigio, ahí vengo".

El servicio de peluquería estaba en las instalaciones del hotel "Camino Real", misma razón social del sitio donde el carro de mi padre circulaba con el número cuatro. Había un chofer muy mala leche. Los otros choferes decían que era muy gandalla, se llamaba Cuauhtémoc y le decíamos Temo. Estaba un día yo sentado en la banca donde solían platicar los choferes mientras esperaban a los clientes y Temo me puso un alambre de gancho detrás de mis orejas, de lado a lado por la parte de atrás de la cabeza, para que no se me vieran las orejas muy hacia el frente. A mí me pareció un buen gesto, pues me dijo que se me compondrían y se me acomodarían para verme mejor. No me importó y me lo dejé, pues tenía la inocencia de ser niño y en ese tiempo no me importaba. Todos me cuidaban y sentía la protección de todos los taxistas.

Mientras yo esperaba a mi padre sentado en la acera, llegó mi tío Miguel en uno de los carros de sitio, pues él también trabajaba como chofer. Cuando llegó del viaje, se bajó y me vio con el alambrito de oreja a oreja. No podía creer que yo andaba así con el alambrito detrás de mi cabeza enfrente de todos. Cuando me vio, le pregunté inocentemente que qué le parecía el haberme puesto mis orejas un tanto para atrás con el alambrito. Yo estaba contento de llevarlo para corregirlas. Mi tío se enojó y se puso furioso en el momento. Lo primero que me preguntó fue quién me lo había puesto.

Le contesté, - "Temo"-.

Entonces me dijo, - "Vaya dígale que chingue a su madre"-.

Pues ni tarde ni perezoso fui y le dije, "Temo, chinga a tu madre, dice mi tío".

No sabía yo lo que significaba tal expresión a los cinco años de edad y la seriedad de esas palabras, pero en cuando le dije aquello, *Temo* se dejó ir a golpes como fiera, lleno de ira, contra mi tío,

Mi tío se defendió de la misma manera.

No entendía nada de aquello y salí corriendo a la peluquería donde mi padre se cortaba el pelo, la cual conocía perfectamente su ubicación. De la estación de taxis a la peluquería, habría unos cien metros y cuando llegué a la peluquería, mi padre ya estaba terminando de hablar con el peluquero. En mi lenguaje infantil le dije, - "mi tío se está peleando en el piso con Temo".

Salió mi padre corriendo conmigo para ver qué pasaba. La trifulca ya había concluido y los dos tenían sangre en la cara. Se hicieron de palabras Temo y mi padre al saber lo que había pasado. Después Temo se fue a su carro de sitio y dejó su lugar en la fila. Fue la primera vez que vi una pelea de adultos y la verdad sí me asusté. Mi padre me dijo que no le dijera nada a mi mamá porque luego no me iba a dejar ir al sitio con él y andar en el taxi. Nunca se lo mencioné a mi madre, pero aprendí que *"chinga a tu madre"* activaba la furia de las personas y no importa que, llega a los lugares más recónditos, como decía el escritor Luis Arturo Ramos. Después de algunos años me enteré de que Temo murió, dicen que de un coraje; nunca supe la verdad.

IV

DE NIÑO A NEGOCIANTE: "LIMONES, LIMONES"

*"Cuando sólo hay limones, hay
que hacer limonada"*

HABÍA DÍAS QUE ME aburría de la plática de los choferes, entonces me iba a una antigua carreta de caballos existente en el centro de la glorieta del hotel Camino Real, la cual era parte de la atracción del hotel. Algunas otras veces me iba a trepar a unas grandísimas letras de concreto del hotel que mostraban su nombre a los transeúntes. Eran enormes estas letras para mí en ese tiempo, pero al crecer ya no las vi tan magnánimas.

Cuando ya me fui haciendo mayor, llegó un momento de incomodidad para mi padre y los clientes que yo fuera de acompañante en el taxi, pues ya no era tan niño. A los once, o doce años, cuando mi padre no llevaba cliente en el taxi, él me dejaba que yo metiera los cambios mientras el manejaba, eso me hacía sentir importante. En ese tiempo los cambios estaban en la columna del volante en la mayoría de los carros de aquellos años.

De la niñez a la pubertad

A los trece o catorce años, mi madre me mandaba con mi tía Meche, quien era muy estricta y dura con sus medidas correctivas, pero a mí no me importaba porque ella me quería mucho y nunca me pegó. Parecía que yo era el sobrino favorito de mi tía. Mis primos, los hijos de mi tía Meche eran Jorge, José Luis (Pepe) y mi prima Laura. Pepe era para mí como mi hermano mayor.

Mi tía Meche vivía en la colonia Anáhuac, en una casa que en ese tiempo me parecía inmensa, pero después de los años me di cuenta de que no lo era tanto. Cuando uno crece y vuelve a su barrio, todo parece más pequeño: la casa, el barrio, la escuela, el súper, todo simplemente se diminuta.

En esa casa aprendí la diversidad del mundo laboral a través de los ojos de mi primo José Luis. El hacía adobes para vender y me dejaba ayudarle. Tenía palomas, las alimentaba y me enseñaba cómo para luego venderlas. Desarmaba los radios de transistores y me decía cómo funcionaban, aunque yo no entendiera de electrónica. Pepe siempre fue una gran persona y él tenía que ayudar a buscar el sustento económico para ayudar a mi tía.

Los pisos de la casa de mi tía eran de tierra, les echábamos agua y los barríamos para después recostarnos y ver las vigas del techo de madera de la casa. Simplemente era un tiempo de no hacer nada y disfrutar la ociosidad. Recuerdo cuando nos recostábamos en el piso, mirando hacia el cielo del cuarto, con aquel olor a tierrita mojada, nos entreteníamos viendo miles de pelusitas flotantes en el aire a través de los rayos de luz de las ventanas superiores de las paredes. Competíamos para ver quien atrapaba aquellas diminutas pelusitas en el aire, las cuales sólo vemos cuando somos niños a través de la observación. Laura mi prima siempre ganaba, pero me decía que me las daba, creo que era para hacerme sentir bien. Me di cuenta de que al crecer dejamos de ver los detalles simples y poco a poco perdemos nuestra candidez.

Un día mi primo Pepe me preguntó si quería ir con él para ayudarle a vender limones. Mi madre a lo mejor no hubiera aceptado si se lo hubiera dicho porque ella tenía miedo de que saliéramos a la calle y nos atropellara un coche. Todo lo que hacía mi primo Pepe yo lo quería hacer, porque él era un héroe para mí. Sin el permiso de mi madre nos íbamos al mercado de abastos y Pepe compraba una cantidad inmensa de limones, los cuales ponía en un costal blanco de manta. Pepe me daba un costal y echaba los suficientes limones que yo pudiera cargar a mis espaldas. El costal lo amacizaba con un nudo para sostenerlo con la mano y así no se me resbalara. En el empuñado estaba la maña para poder cargarlo por horas. Con los limones aprendí la matemática del sumar, restar y multiplicar. Pero lo más importante era el mercadeo al gritar "limones, limones, diez por un peso los limones" con voz fuerte y alentadora para que las amas de casa salieran y nos compraran limones para la limonada. Para que no se le *rayara el disco* a uno, la segunda frase era, "aquí tiene los limones, frescos y jugosos los limones".

Recuerdo que cogíamos la calle Libertad hacia el norte y no solíamos regresar a casa hasta venderlos todos. La gente compraba de a 5, 10 y 20 limones. Algunos clientes nos pedían que regresáramos al día siguiente u otro día. Veíamos a las amas de casa con sus delantales y escuchábamos la música a todo volumen al ir pasando por las viviendas. Mi primo me llevaba por las zonas donde había más potencial para vender y los lugares que no valían la pena, los evitábamos pues nunca nos compraban allí. Esa era una actividad comercialmente educativa, porque allí aprendí a hacer los análisis de las compras y ventas que me servirían luego en toda mi vida.

Había dos lugares en nuestra trayectoria que me ponían muy nervioso al pasarlos, uno era el hospital donde decían que estaban encerrados los locos, el cual estaba en frente del parque de la Chaveña, barrio temido por muchos ya que había muchos *malillas*. El otro lugar era el panteón Tepeyac, cementerio de la ciudad. Cuando nos cogía el crepúsculo y pasábamos por allí, me daba mucha congoja pisar aquellos terrenos llenos de tumbas y lápidas olvidadas.

Un día Pepe al verme tan nervioso al cruzar el panteón me dijo, - "los muertos no hacen nada, hay que temerles a los vivos"-.

Poco a poco le perdí el miedo al panteón. Entendía muchas de las palabras de aquellas lápidas que trataban de perdurar la memoria de quienes pasaron a mejor vida. Empecé a poner más atención a los nombres que estas lápidas tenían porque eran personas queridas por sus dolientes. Hasta la fecha, hoy en día trato de visitar los panteones de cada ciudad cuando viajo. Primero porque allí está la herencia de la ciudad, segundo porque ahí están grabadas muchas de las palabras que los dolientes nunca dijeron en vida a aquellos quienes partieron al más allá.

Mi padre llegó a tener hasta cinco concesiones de transporte público y siempre necesitaba choferes. Y mi primo Pepe aprendió también la profesión de chofer para poder ayudar a mi padre como relevo. Mi padre era para Pepe en algún momento como su padre putativo.

Pepe era un gran personaje humanitario y posteriormente se dedicó a manejar ambulancias de la Cruz Roja como voluntario. Durante su tiempo libre por la noche, se dedicó a su profesión de fotógrafo de bodas que tanto le gustaba. Creo que siempre veía el alma de los demás a través de la fotografía, fue un individuo transparente. Al final de su vida siguió el ejemplo de mi padre, se dedicó a ser chofer de taxi. Como dijo Pedro Almodóvar en una de sus películas, *"si uno no vuelve a sus orígenes, se pierde"*.

V
EL VIAJE AL CERESO

"Más vale ir a la cárcel que al hospital"

ME CONVERTÍ EN CHOFER de taxi a los diecisiete años. Si mal no recuerdo era un martes veintiocho de abril de 1981, cuando yo estaba en primera (listo para salir) en la estación de taxis, en eso llegó un carro a la estación de sitio, el cual se emparejó con mi auto y me preguntó si podía llevarlo a la Comandancia de Tránsito. Le contesté amablemente que para eso estábamos. Abrió la cajuela del carro en el que venía y me pidió abrir la de mi carro para poner cuatro ollas de metal bastante grandes con diferentes guisados ya preparados. Al subir al taxi le pregunté que si tenía boda o fiesta. Se rio y me dijo que era el dueño del puesto de burritos a las afueras de la Comandancia. Para llegar a nuestro destino, iba a ser un viaje de quince minutos aproximadamente. Tomé la calle Hermanos Escobar para luego tomar el entronque de la calle Tlaxcala, la cual en aquel tiempo era de dos sentidos de vía libre y sin muchos altos hasta la calle Lerdo. Cuando llegamos al alto de la calle Bolivia, reviré a la izquierda, pues el tráfico de sur a norte tenía vía libre por tal calle. Al mirar a la izquierda había un carro estacionado por la calle Bolivia, el cual quitaba la visibilidad para mirar el tráfico proveniente de sur a norte, por lo que me aventuré a avanzar algunos metros hacia delante. Al mismo tiempo un carro que venía por la Tlaxcala, del lado opuesto al mío, se aproximaba sin reducir la velocidad. De repente se escuchó un estruendo del madrazo que le dio al carro que venía por la vía libre de la calle Bolivia, para posteriormente impactarse con mi taxi y finalmente estrellarse contra la pared de la esquina donde sucedieron los hechos. Todos los autos afectados del choque quedaron dañados sustancialmente por el impacto causado del que se pasó el alto.

El cliente que yo traía sólo dijo, *"chingue su madre, mis guisados"*, mientras continuaba aferrado a veinte uñas al tablero del carro, en ese tiempo no se usaba el cinturón de seguridad consistentemente. Nos bajamos consternados y corrimos a auxiliar a la conductora del coche más dañado, era una mujer quien lloraba. Se quejaba de dolor de las costillas mientras estaba atrapada por la opresión de la puerta apachurrada. En eso salió asustadísimo el dueño de la casa impactada y no sabía qué había pasado. Yo vivía a tres cuadras del accidente y no sabía qué hacer, nunca me habían chocado el auto en toda mi corta vida. El dueño de la casa habló en cuanto pudo a la ambulancia de la Cruz Roja y a tránsito (llamados así los oficiales de tráfico) para que hicieran el croquis del accidente.

En mi pensar dije, - "que pendejo el chofer que se pasó el alto, es su culpa"-.

El conductor del otro carro se bajó y dijo, - "no vi el alto"-.

Reiteré y dije dentro de mí, "se chingó y va a pagar los daños de todos, al cabo ya aceptó".

Llegó la ambulancia, auxiliaron y se llevaron a la herida, mientras tanto le hablé por teléfono a mi padre quien estaba en casa, pues eran como las nueve de la mañana. Mi padre llegó inmediatamente cuando ya había una sarta de espectadores para ver qué había pasado. Mientras tanto mi cliente me pidió que abriera la cajuela y con descontento dijo que se iba en el primer taxi que pasara. Cuando abrimos la cajuela, el guisado de chile verde se había revuelto con el de rojo, el de chicharrón con el de frijoles y aquello era un salpicadero por todos lados.

Al ver aquello el cliente dijo, - "ni pedo"-.

Cogió las ollas y se fue en un taxi que pidió por teléfono del dueño de la casa afectada.

Mi padre vio su carro y no podía creer que yo lo había dañado. Inmediatamente pude ver en su cara su preocupación y me dijo, "¡ah! cómo será pendejo".

Me hablaba de usted cuando se ponía serio y cuando me daba consejos.

Antes de que me dijera más le dije, - "el otro se pasó el alto"-.

Después de asimilarlo, mi padre dijo lo mismo, - "ya se chingó el otro, pues aceptó que se pasó el alto"-.

Llegó el tránsito, vio los carros impactados y sacó su cinta de medir y escribió el croquis.

Entonces dijo, - "cincuenta y cincuenta por ciento de culpa para ambos conductores".

"Puta madre, ¿pero por qué?", le pregunté.

Mi padre también le reclamó diciéndole, - "pero cómo es posible, si el otro se pasó el alto y aceptó su culpabilidad"-.

El tránsito le dijo, - "el taxi estaba fuera del alto dos metros y quedan los dos detenidos porque hay lesiones que tardan más de quince días en sanar"-.

En ese momento cambió todo el panorama para todas las partes.

El conductor causante del accidente debe de haber dicho, - "ya chingué"-.

No entendía lo que iba a suceder, pero lo primero que pensé es que me iban a encerrar. Cuando llegamos a barandilla, perdí el contacto con el mundo exterior porque nos aislaron en unos separos donde ponían a los que iban a ir a la cárcel. Sin deberla ni temerla, ahí estaba yo detenido con un pendejo que se pasó el alto. Varias horas pasaron para que nos sacaran a declarar. Mientras tanto establecí conversación con el conductor que originó el choque. Me dijo que era bombero y venía de El Paso de ver a su mamá, su nombre era Gonzalo y tenía el pelo largo como los indios tiguas. Después me corroboró que sí era indígena de esa tribu. Me mencionó que no estaba familiarizado con las calles y los altos de la ciudad.

Dentro de mí dije, "pues se nota".

Después de dos horas de espera como detenidos en barandilla, nos llamaron a declarar en esa oficina para dictaminar nuestro paradero.

El juez de barandilla dijo, - "hay que depositar una fianza y traer una responsiva médica para ser liberados porque aquí hay lesiones que tardan más de quince días en sanar, mientras tanto serán trasladados a los separos de la judicial hasta no deslindar responsabilidades"-.

Mi padre volteó a verme y acongojado me dijo, - "no te preocupes ahorita vamos con mi compadre Arturo y conseguimos la responsiva con un doctor"-.

Nos regresaron a la sala de detenciones para esperar el traslado a los separos de la cárcel.

Dentro de mí dije, - "*ya chupamos faros*"-.

Dieron las seis de la tarde y nada. Llegó mi padre y pidió hablar conmigo para decirme que la señora afectada estaba en el hospital y renuente a salir del hospital, porque según ella se le había desarrollado un tumor en la tetilla del lado izquierda a causa del golpe. Era un claro caso de abuso y extorsión por parte de la afectada, una vil *gachada*. Ningún doctor daría una responsiva médica bajo esa situación.

Mi padre se fue a tramitar la fianza para liberarme, sin ningún éxito porque nadie quería dar la responsiva médica.

Yo no tenía nada de dinero más que una camionetita Pinto del modelo setenta y seis, la cual yo estaba dispuesto a que mi padre la pudiera vender para sacarme. Le pedí desesperadamente a mi padre que la vendiera para que me sacara pronto.

Miré sus ojos vidriosos, llenos de tristeza.

Me contestó con la impotencia de un padre, - "no es cuestión de dinero mi'jo"-.

A las siete de la tarde llegó una patrulla con dos *chotas* para llevarnos a los separos de la judicial para que el juez dictara sentencia. Sabía que mi padre estaba pensando en el famoso recurso de *"la mordida"*. Si el juez conocía al compadre de mi padre, Arturo Ávila, regidor de la ciudad, ya estaba resuelto el asunto. El señor Ávila se la rifaba por los taxistas como su líder.

No hubo manera, nos llevaron a los separos y nos metieron *al bote* esa misma tarde.

Era finales de abril, en ese entonces y hacía ya bastante calor en la ciudad, pero confinados en un cuarto con treinta reos, el calor era mucho más infernal. Nunca había caído en la cárcel y nunca pensé que ése era un riesgo al ser taxista, pero así fue. Hasta el día de hoy, cuando uno choca en Ciudad Juárez, si hay heridos uno va directo a *chirona*.

Cuando llegamos a los separos de la judicial abrieron la puerta de aquella crujía. Era un cuarto lleno de grafiti con sólo una ventana en la parte superior y una letrina maloliente. Los reclusos nos miraron e inmediatamente.

Uno de ellos preguntó, - "¿qué onda con ustedes por qué los *torcieron?*"-

- "Puta madre"-, estos reclusos me van a coger aquí", me dije a mí mismo.

Inmediatamente se aproximó a mí un reo y me dijo, - "¡eh! carnal, qué purrón, soy el Esponjas, si te llevan al CERESO preguntas por mí, yo rifo en la crujía ocho. No te preocupes yo te tiro paro"-

Gonzalo lo miró mal encarado, nadie se la hizo de pedo o le dirigió la palabra al tigua pues sí parecía el hijo del gran indio Gerónimo. Era alto, fornido y mal encarado a morir, se veía bien amarrado, pero buena gente y cero violento.

Después de un rato en la crujía entendí la fusión de los reclusos. Conforme llegaban los nuevos reclusos, los otros les preguntaban por qué habían llegado, las historias no eran tan sorprendentes a la nuestra, pero muchas historias eran similares a la nuestra: daños a terceros y reparación de daños.

De repente escuché la voz de mi padre a lo lejos, en ese instante pensé que ya había conseguido la responsiva médica.

Me dije, - "ya la hice"-

Pero no sabía de dónde venía la voz y entonces uno de los reclusos quien estaba apoderado de la ventana preguntó quién era Héctor. Al decirle que yo, me pidió subir por los catres para poder alcanzar la única ventana superior y me pidió que asomara a través de la reja oxidada. Parecería que el reo cuidaba la ventana, pero allí se instalaba para tomar un poco de aire mientras todos los demás estábamos abajo muriéndonos de calor, otros dormían indiscriminadamente en los catres esperando a que el tiempo pasara.

Mi padre me gritó desde la calle que ya pronto saldría y que aguantara, - "te van a llegar unos burritos de tu mamá"-, agregó en voz alta.

Al rato llegaron los burritos que casi me arrebataron los otros confinados, yo se los di sin pensarlo pues no tenía hambre del tremendo susto de estar ahí sin deberla ni temerla, dormiría en la cárcel esa noche.

Gonzalo se había instalado en un catre de los de en medio y nadie se la *hizo de tos*, pues el hombre se veía físicamente imponente. Ese mismo catre lo compartimos durante la noche entre cuatro reclusos. Hacía un calor infernal ya para finales de abril. Durante la noche, brotaban las cucarachas para recorrer nuestros cuerpos y al sentir el cosquilleo de aquellas patas de los insectos voladores, les asistía un tremendo *garnuchazo* para disiparlas contra la pared. Después de un rato me quedé dormido.

A media noche cuando casi todos habían conciliado el sueño, llegó un borracho *bien arreglado*, echando brava.

"Prendan la luz ojetes, prendan la luz", decía repetidamente.

El Esponjas le dijo, "eh, calmado, duérmase y no esté chingando o se lleva una *putiza*".

Siguió insistiendo en que prendieran la luz, mientras los otros estaban bien *jetones*. Se levantó el Esponjas y lo *bajó del avión* de un puñetazo y un *patín*, creo que sí le apagó la luz del santo *chingadazo* y así se quedó jetón el nuevo inquilino.

Medio dormí mi primera noche como preso en esa crujía.

La mañana siguiente el borracho con una tremenda cruda y ya muy pajita, dijo que le dolía la quijada y preguntó si se había caído, nadie le dijo la *neta*, pero eso le pasó por *pasarse de lanza* y andar en *el chupe*.

En la mañana del 29 de abril escuché mi nombre muy temprano, me volví a emocionar pues ya se me hacía que me liberaban, pero eran los burritos de mi madre los que llegaban otra vez. Esta vez me comí uno, le di uno a Gonzalo y otro al primero que se arrimó a pedirme el *refín*.

Había un reo con toda la facha de malviviente. Se levantó y se acercó a la reja de la puerta donde estaba el guardia y le pidió varias veces *quebrada* para *"tirar shower"*. Una y otra vez se lo pedía tercamente, ya nosotros estábamos hasta la madre de sus súplicas e insistencia.

El policía de guardia le dijo, "no estés chingando, si vuelves a pedírmelo te voy a dar una chinga".

El tipo se calmó por un rato, pero se arrimó una vez más a la puerta de reja y con voz lastimosa le dijo al guardia, "eh compita, déjeme tirar shower", pero el guardia no *capeó*.

El Esponjas dijo entre dientes, - "pendejo"-.

En eso abrió la puerta el policía de guardia y pareciera que se le *brincó la canica*, pues lo sacó y lo agarró a cintarazos en la espalda, diciéndole, "nunca te bañas cabrón y ahora que caes al bote te quieres bañar, órale puto, para que aprendas a quedarte callado".

Lo volvió a meter y el Esponjas le dijo en voz alta, "te lo advirtieron pendejo". Se quedó tranquilo y sin bañarse.

En el cuarto todos nos observábamos los unos a los otros. En uno de los catres había un tipo con una camisa sin mangas, parecería que levantaba pesas y nos empezó a presumir que al rato iba a salir porque él se las sabía de todas todas. Era brabucón y hablador, pero a nadie se la hizo de bronca y sólo lo escuchábamos. Era un *bato tira rostro* y se creía muy *macuco*.

De repente se oyó abrir la reja y entró un muchacho como de quince años. Todos nos sorprendimos porque ellos debían de ir a la correccional de menores. Entonces un tipo apodado el Telúrico le preguntó por qué estaba allí y él le dijo que no sabía, pero nos dijo que el papá de su novia lo había acusado de estupro, pero que no entendía nada, pues él sólo se la estaba *fajando* fuera de la casa y estaban de jariosos como morritos, cuando el jefe los *cachó* en la movida. Mencionó tener diecisiete años. Cuando terminó de contar su historia, toda la *clica* escuchamos sollozar al brabucón de camisa sin mangas y decía que tenía miedo de estar allí.

El Esponjas se rio con sorna y le dijo, - "cállese puto, porque si no le doy una chinga para que llore de verdad, ya ni este chavo que es menor de edad es tan culo como usted y gánele a llorar al rincón, *pinche mariposón*"-.

Todos nos quedamos serios y pensamos, "aquí se van a hacer los chingadazos", pero no pasó nada.

Ese día no supe nada de mi padre, hasta que otra vez por la tarde me gritó desde la calle que al siguiente día me sacaría.

La mañana siguiente era el treinta de abril y nos mandaron llamar a la puerta. Me puse feliz porque ya me consideraba casi libre, "ya la *cuajé*" me dije dentro de mí.

De repente dijo el *chota*, "órale cabrones al CERESO".

En ese momento sentí que la sangre se me iba a los talones y sí me *acalambré*.

Ahora esto ya se ponía serio y ni padre ni licenciado ni nadie nos informaba nada. Gonzalo callado como siempre, parecería que no le importaba, pero es que era muy parco de palabras.

Le pregunté al conductor de la patrulla de qué se trataba y nos dijo, "hay que llevarlos porque mañana viernes hay puente del cinco de mayo y tenemos que desalojar los separos".

No habíamos pensado en el puente del primero al cinco de mayo de los burócratas mexicanos. Empezábamos a aceptar la idea de quedarnos ahí otros cinco días encerrados, pero ahora sí con los *malos*. Pensé en el Esponjas, pero él estaba allá en los separos y no podría *tirar paro* en el CERESO. Nos llevaron y nos encerraron en una crujía preliminar, era la antesala para presentarse con el juez para dictaminar culpabilidad.

Eran las tres de la tarde aproximadamente cuando nos llevaron a través de una ventanilla a declarar y en ese momento pude ver a mi padre, quien me dijo, "ahorita vas a salir".

Después de una hora, salí libre y oliendo a recluso de tres días, sin baño alguno y sudor con esencia a cucarachas. Mi madre esperaba afuera y me abrazó llorando al verme, ella pensaba que nunca iba a salir de allí.

Después de mi libertad peleamos el caso en el juzgado, pues la señora afectada del choque trataba de continuar con su abuso de las circunstancias. Pedía diez mil pesos de daños, eso era un dineral en aquel tiempo para cualquiera. El juicio tardó dos años para dictaminar culpa. Se dio el veredicto de reparación de daños a favor de la afectada pero el peso ya se había devaluado. Pagamos aproximadamente el equivalente a doscientos veinte dólares por daños a terceros.

Gracias a la devaluación concluimos diciendo, *"el que mal actúa, mal le va"*.

VI
TAXISTAS, TRÁNSITOS Y ADUANALES

"El que no transa no avanza"

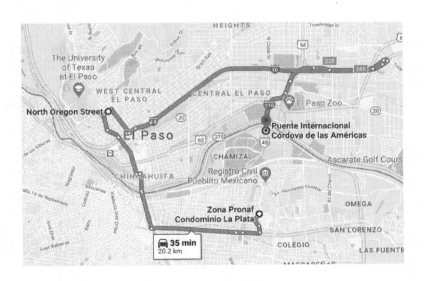

LOS TRÁNSITOS DEBÍAN SER amigos de los taxistas y viceversa, porque ellos siempre tenían una razón para multar a cualquier conductor, ya fuera por alguna luz trasera que no tuviera, un alto que no se hiciera o cualquier otra excusa, pero era parte del negocio y este daba para todos. Los tránsitos cuando no agarraban mucha mordida durante su turno, visitaban los sitios para hacer revisión de la tarjeta de circulación y cerciorarse de que la tenencia estuviera pagada. Claro que había más de uno que no la tenía pagada y ahí teníamos que aportar el dólar o los diez pesos de mordida. Los taxistas no se enojaban, pero se quedaban medio tristones, pero era la manera de mantener el papeleo en regla. Por otro lado, los oficiales de tránsito siempre les daban la razón a los taxistas en la mayoría de los choques y el croquis lo hacían a favor, entonces no era tan malo conocerlos y haberles dado una mordida. Siempre hay cuestiones que tienen su recompensa.

Los tránsitos tenían mucha más presencia que los policías municipales de la ciudad, pues traían mejor pistola, uniforme y motocicleta, las cuales eran la envidia de cualquier persona en ese tiempo. Cuando veíamos a un oficial de tránsito por el espejo retrovisor, uno se intimidaba y los dejaba pasar con el respeto que se les tenía. Todos los oficiales que conocí eran bastante educados y de buen porte. Había uno a quien lo apodaban irónicamente el Chiquilín, amigo y conocido de todos los taxistas, muy buena persona. Lo veíamos en el baño sauna, en la cantina, en el mercado, parecía que se multiplicaba por la ciudad, pero es que creo era su presencia de un hombre de más de dos metros, el cual no pasaba desapercibido. Siempre estaba sonriente y daba gusto cuando uno llegaba a barandilla por choque, pues él nos echaba la mano como taxistas.

Conforme fui creciendo, aprendí que los agentes aduanales, oficiales de tránsito y personas importantes de la ciudad, conocían a mi papá como Manny. Los aduanales lo conocían porque siempre se *mochaba* con el dólar de mordida cuando regresaba uno de El Paso a Juárez con clientes y no querían ellos que les abrieran la cajuela, por el alto número de compras que habían hecho algunos de los pasajeros. Había muchos mexicanos del interior del país que venían de compras a El Paso y así llevar la llamada fayuca al interior del país.

Muchos de los clientes de mi madre y mi padre llegaron a pernoctar a nuestra pequeña casa para empacar apretadamente en velices todo aquello que venderían en el interior de México. Estas eran personas que se habían hecho clientes durante meses y años, tanto en el taxi como en la tienda de ropa donde mi madre laboraba.

Conocí a muchos clientes de mi madre que hasta la fecha frecuento. Algunas de estas personas se hicieron parte de la familia, como mi buen amigo Miguel Marín quien fayuqueaba discos de música estadounidense y europea en Torreón, Coahuila. Miguel me daba una comisión por cada disco que le compraba en ese tiempo, me conectó a una tienda especializada de discos de vinilo. Era música europea que no se encontraba en cualquier lugar, pero Miguel tenía un gran conocimiento de la música. Era una oportunidad de ahorrar un poco de dinero para mí, pues cuando salía a un viaje en el taxi para El Paso, llegaba a la tienda para ver las nuevas remesas pues eso me ayudaba a mi economía.

Mi padre a veces llevaba clientes importantes a El Paso, como artistas famosas a la tienda donde mi madre trabajaba. Las volvía a recoger después de ciertas horas, prometiendo ayudarles a no pagar mordida de regreso en la aduana por la fayuca que compraban. El taxi era el vínculo entre los aduanales y los fayuqueros. Había una economía en ese mundo por el mercadeo de mercancías. Algunas familias del interior del país hicieron mucho dinero en ese tiempo.

La fayuca era en su mayoría ropa de mujer y electrodomésticos, nada fuera de lo común. Los fayuqueros después de haber dado una mordida y cruzado el llamado *Kilómetro 28*, ya habrían logrado un negocio completo. Aquí en este famoso retén del 28, como se le llamaba, se daba la mordida de acuerdo con lo que se llevaba, *"de acuerdo al sapo era la pedrada"*. Siempre hubo un arreglo entre el viajante y el aduanal. Mi padre muchas veces era el salvoconducto entre los clientes y los aduanales porque lo conocían, muchas veces le echaron la mano para que la mordida no fuera tan alta. Igual funcionaba la mordida para los clientes que llevaba a la central camionera con un montón de maletas. Cuando se ponía difícil la situación, mi padre sacaba una tarjeta con el nombre de Memo Correa, quien era jefe de la aduana y amigo de parranda de mi padre, siempre se solucionaba el problema. Un mundo de trafique, dinero y mordida.

VII
HOMICIDIO IMPRUDENCIAL

"Donde hay poca justicia es un peligro tener razón" Francisco de Quevedo

 UNA VEZ LLEGÓ MI padre a casa con mi tío Miguel a la medianoche cuando ya estábamos todos dormidos, tendría yo como catorce años y me levanté a ver qué pasaba. Mi padre estaba asustado y le platicaba a mi madre acerca de una riña, situación que me sorprendió, pues yo nunca vi a mi padre discutir con nadie en un bar o fuera de él. Mi padre empezó el relato a mi madre diciéndole que cuando iba saliendo del bar *El Recreo*, salió un amigo de él, apodado el Papach, y lo jaló del hombro para luego tirarle un golpe. Dijo mi padre que alcanzó a esquivar el puñetazo y él le tiró un golpe certero a la quijada para luego dejarlo noqueado en ese momento. Mi padre tenía la mano muy pesada. Mencionó que cuando lo vio tirado en la banqueta, vio que le salió a Papach un hilo de sangre por la boca. Se asustó y tomó el taxi para volver, pero antes de llegar a casa fue por mi tío Miguel para platicarle la situación.

Mi tío le sugirió a mi padre volver al lugar de los hechos para investigar lo qué había pasado posteriormente con el Papach. Al poco rato, volvió mi padre otra vez a casa ya más tranquilo porque le habían dicho que el Papach se había levantado y se había ido a su casa. Un chofer del sitio Victoria a las afueras del bar *El Recreo* lo había llevado a su casa, según testimonio de los taxistas del sitio. Mi padre se quedó tranquilo, pero después de tres días que se enteró que el Papach había muerto y él se sintió culpable de aquella muerte. La congoja no lo dejaba tranquilo y un día se fue directamente con el Licenciado Antonio Mazpulez para comentarle lo sucedido y que lo amparara. Mi padre por alguna razón se sentía delincuente y se fue a declarar a la oficina de la judicial lo que había sucedido días atrás. Fue detenido y enjuiciado posteriormente por homicidio imprudencial. Durante el juicio y la defensa, mi padre supo que el Papach tenía más de una semana tomando día y noche, también que era diabético e hipertenso, así dedujo en aquel momento que no había sido la culpa del golpe recibido, pero ya estaba incriminado. Era obvio que la condición médica del Papach lo había llevado a la muerte. Aunque mi padre se liberó parcialmente de aquella culpa, tuvo que estar confinado más de seis meses en la cárcel de piedra de la calle Oro.

Las consecuencias económicas y morales que acarreó a nuestro hogar fueron devastadoras, sobre todo para mi madre quien tuvo que hacer de tripas corazón para sostenernos durante ese tiempo, trabajando horas extras y haciendo viajes al interior de México para llevar fayuca y de venida traer cobijas de León, Guanajuato para luego revenderlas. En ese tiempo, yo iba a la estación del taxi por los reportes monetarios de los viajes, pero parecía que la clientela se había difumado porque el taxi no producía bajo el comando de los choferes quienes lo manejaban. La vida en la cárcel costaba más para el que estaba preso que para el que vivía afuera.

En aquel tiempo estaba confinado en la cárcel el famoso narco apodado el *Greñas*, famoso por sus escándalos en el crimen organizado y mi padre compartía cuarto en la misma crujía. Se hicieron compañeros y el Greñas siempre respetó a mi padre aún después de que ambos salieron de la cárcel. Coincidentemente el Greñas tenía su casa en contra esquina de la casa de mis padres y siempre el vecindario estaba protegido por la noche con una serie de guardaespaldas en varias esquinas de la Colonia Hidalgo. Recuerdo que cuando caminábamos a las altas horas de la noche, siempre había varios "guaruras" quienes cuestionaban a los transeúntes del barrio. Si lo desconocían a uno, lo paraban y preguntaban quién era y a dónde se dirigía. Todos sabíamos de lo que se trataba y nunca hubo problemas. Mi padre platicaba con gran tristeza cuando la madre del Greñas murió mientras él estaba confinado. Y le dieron permiso para ir al entierro, el mismo día del funeral lo volvieron a encerrar. El Greñas era una persona amable, caballerosa y muy respetuosa, nunca salió en escándalos periodísticos a no ser los de su fortuna amasada por el tráfico de drogas y tener animales exóticos en su domicilio.

Cuando mi padre salió de la cárcel sin dinero y sin trabajo, porque el taxi ya lo habían echado a perder, fue a ver a su amigo Jorge Carreón, dueño de las refaccionarias más prestigiosas de la ciudad. Él le regaló un carro para que siguiera manejando su taxi, ahí supe lo que realmente era la amistad incondicional. Creo que no hay muchos amigos de ese calibre hoy en día. Esa fue la época más difícil de nuestra vida para toda la familia, pero a la vez supe de qué estaba hecha mi madre: amor, paciencia y compasión.

VIII
UN VIAJE DE BARES Y DOMINÓ

*"A comer, beber y bailar, que el
mundo se va a acabar"*

LOS COMPAÑEROS DE MI padre del sitio algunos eran de parranda, otros de trabajo y otros de broma, pero había personajes que hasta la fecha recuerdo con mucho cariño y me da mucha alegría porque me daban consejos y me explicaban los aspectos de la vida desde su perspectiva de taxistas. Algunos me platicaban asuntos relacionadas con el sexo, muy al estilo de ellos y con un lenguaje muy mexicano, eso sería hoy en día el equivalente de un video porno de la contemporaneidad. Yo empezaba mi pubertad y me daba cierta vergüenza escuchar palabras como panocha, putas, verga, etc., pero a la vez sentía atracción por el tema como cualquier otro puberto.

Conforme crecía, le preguntaba a mi padre si podía ir al sitio para acompañarlo, aunque no me llevara a los viajes. Me gustaba ver las travesuras de los choferes cuando se aburrían.

El *Molacho,* un chofer extrovertido, les hacia un montón de maldades a los otros choferes. Por ejemplo, cuando los choferes leían el periódico en la banca mientras esperaban un viaje, se iba a las espaldas de ellos y les prendía sigilosamente con un cerillo la punta del periódico en la parte de abajo y éste se encendía precipitosamente, lo aventaban al suelo mientras corrían para no quemarse, el *Molacho* se atacaba a carcajadas mientras los choferes le mentaban la madre. Lo más espectacular fue una vez que agarró una araña, de las llamadas viudas negras, no le picaban a él por alguna razón. Cuando se acercaba a los choferes y se la mostraba, salían corriendo, diciéndole malas palabras. Era un hombre increíblemente ocurrente. Recuerdo que tenía una hija rubia y ese fue mi primer amor de niño. Ella se juntaba conmigo porque su papá no tenía a nadie quien la cuidara, siempre recuerdo la hermosa sonrisa de su rostro de niña.

Mi padre siempre asintió a que yo fuera a la estación de taxis, pues era su único hijo varón. Yo sólo quería estar al lado de mi padre, porque lo admiraba y era un hombre bueno, sin enojos, un tanto callado. A mi padre le gustaba conversar con los amigos y ver el box por la noche de los sábados, sentado en la barra con una Carta Blanca y su *cheicer* de tequila, como él le decía. Nunca lo vi discutir en la barra ni pelear con nadie, mucho menos ofender a otra persona intencionalmente. Los sábados eran noche de box y después del baño sauna llegábamos al bar donde había otros taxistas, además de aduanales. No importaba quien peleara en la función de esa noche, él siempre le iba al del calzoncillo blanco, no había tele a color sino en blanco y negro. La mayoría de las veces el campeón traía el calzoncillo blanco y mi padre ganaba la apuesta.

Desde niño crecí en las cantinas, pues la mayoría de las estaciones de sitios estaban fuera de una de ellas. Conocía a la mayoría de los taxistas de ese tiempo, al igual que las cantinas por dentro y por fuera, todas tenían ese peculiar olor a orines y a alcohol, pues siempre corría el agua debajo de la barra y uno no tenía que ir al baño para orinar, pues sólo era abrirse la braguera y ahí los orines corrían hacia el drenaje, práctica común en ese tiempo en casi todas las cantinas. Eso sí era servicio de primera al cliente, pero era de más lujo cuando le ponían gobernadora a la corriente de agua para mitigar aquella hediondez.

Mi padre era un hombre a quien le gustaba estar en la barra después del trabajo, me llevaba de vez en cuando al no poderme encargar con alguien. Aunque en muchos bares no me dejaban entrar en aquel tiempo, mi padre se la rifaba a que lo multaran por eso y él siempre le daba al poli una pequeña gratificación, para que me dejara permanecer en el antro con la condición que me sentara en alguna mesa. Cuando no se podía con la autoridad, me mandaba a dormir al taxi estacionado fuera de la cantina. A mí no me importaba estar ahí, pues era más grande mi miedo de separarme de mi padre y no saber dónde estaba que estar en un asiento trasero del carro esperándolo a que saliera. Mi madre le rezongaba y le reclamaba a mi padre por dejarme solo fuera de la cantina. Ella decía que me iban a robar algún día. Nunca me pareció a mí tan grave esa acción de mi padre, pero eso sería hoy en día abuso de menores, pero en aquel tiempo era para que me hiciera hombre, decía mi padre. Recuerdo que muchas noches dormí en los asientos de hule rojo de la cantina *El Recreo*, bar predilecto de mi padre por la amistad que tenía con su dueño llamado Tony. Este bar fue uno de los pocos que pudieron sobrevivir a la violencia del 2008, pues Tony estaba casado con una de las hijas de las familias poderosas y creo que por ahí fue la manera de lograr sobrevivir a la quema y extorsiones de ese tiempo.

Crecí y vi el cambio de los bares tradicionales de la ciudad a través de los años. Muchos de ellos tenían un gran letrero en la puerta de entrada que decía *"No mujeres, niños o boleros"*, esa ley se derogó en los noventas. Los bares cambiaron aún más después la primera década del siglo y se convirtieron en lugar de diversión de los milenios, sin importar el género u orientación sexual, todos pueden entrar a cualquier bar hoy en día. Las llamadas cantinas, después de la violencia de la primera década del nuevo siglo, tuvieron que cambiar el concepto para poder sobrevivir y permitieron la entrada a las mujeres a los bares, acto prohibido hasta los ochentas. Más de la mitad de los negocios sucumbió frente a la mafia de los cárteles a principio de siglo por los secuestros y la quema de predios. Anteriormente las cantinas eran lugares de reunión para los diferentes gremios y algunas cantinas eran bastante distintivas como la estigmática cantina de "El Olímpico", bar de homosexuales en la calle Lerdo. Había otros bares como el "Bar Anáhuac" en el barrio Cuauhtémoc donde se reunían los aduanales y también taxistas que iban al baño sauna, allí terminábamos casi siempre después de un buen regaderazo en los Baños Roma.

A mi padre le gustaba jugar dominó en la cantina y a veces las jornadas de juego duraban más de veinticuatro horas. Cuando mi padre no llegaba a casa, mi madre y yo íbamos a buscarlo en el taxi cuando yo ya manejaba; parábamos de cantina por cantina. Mi madre me pedía que me bajara del taxi y me asomara a través de la puerta cuando llegábamos a cada bar, ella se angustiaba porque a veces no llegaba hasta el día siguiente después de dos días. Nunca supe como dominó la falta del sueño para aguantar tantas horas jugando. Mi padre nunca faltó a casa por cuestión de faldas sino por pasión al juego.

Había un bar muy extraño que no solía abrir todos los días, a decir verdad, nadie sabía cuándo se abría. Se llamaba *El Fantasma* y estaba localizado atrás del Mercado Juárez, cerca de La Peña Taurina. Una madrugada después de cerrar el bar *El Recreo*, mi padre se metió a este bar, pues lo ha de haber encontrado abierto. Fui a buscarlo por la mañana muy temprano ese día porque no había llegado en toda la noche por estar jugando dominó, no lo pude localizar en el sin fin de bares donde sabía que se metía. La mayoría de los bares estaban cerrados por la mañana y las puertas cerradas. Después de haber revisado cerca de diez cantinas, mi única opción era revisar en *El Fantasma*. Cuando llegué estaba cerrado también, pero se escuchaba la música de la rocola. Toqué insistentemente la puerta y finalmente me abrieron. Al abrir me sorprendí porque allí estaba mi padre hablando con un señor que yo conocía como Lenox, dueño de otros bares en la calle Vicente

Guerrero y un bar también muy frecuentado por mi padre, llamado *El Viejo Oeste* localizado en las calles Uruguay y José Borunda. Este bar sería concurrido luego por los milenios y los pseudoliteratos locales del mundillo literario. Volviendo a la historia, como un fantasma apareció al otro lado de la barra una mujer. Era una de las damas más hermosas que yo haya visto, nunca supe si era cantinera, pero me dijo que me sentara al lado de ella, mientras me decía palabras a las cuales yo no ponía atención, pues sólo veía su belleza de mujer. Era una mujer muy tranquila, la recuerdo como si fuera ayer. Era como un ángel caído del cielo: cabello negro largo, ojos negros, tez blanca, delgada y todo bien distribuido en su cuerpo, con una mirada angelical. En ese momento supe lo que era el amor platónico, nunca la volví a ver sino en mis recuerdos, hasta la fecha.

Como taxista uno debe de conocer los bares, pues uno también es guía turístico. Creo que yo conocía la mayoría de aquellos bares en aquel tiempo, desde los más tétricos y feos en las afueras de la ciudad hasta los de más categoría como *La Rueda* en la calle Vicente Guerrero. Los de la famosa *Calle Mariscal* eran los más hediondos y problemáticos. El único bar que no consideramos auténtico los juarenses era el bar *Kentucky*, a una cuadra del "Puente Negro", pues era para aquellos soldados que venían a ponerse ebrios en nuestra frontera por la restricción de edad de las leyes estadounidenses. Creo que la mayoría de los juarenses no se atrevían a entrar a un bar de gabachos a finales del siglo pasado. Todos sabíamos que era un bar donde no había nada más que alcohol y turistas, pero el juarense lo tenía como bar extraño. A principio de siglo, algunos escritores de la frontera, no del calibre de Ricardo Aguilar Melantzón, quien realmente era cronista de la ciudad, hacían referencia al bar *Kentucky* como si fuera un icono de la ciudad o parte de la cultura de Ciudad Juárez, cuando realmente fue sólo una barra para extranjeros que querían presumir el haber estado de borrachera en Juárez. Este bar era visitado por aquellos que nunca se atrevieron a adentrarse a la ciudad y conocer realmente lo que era un bar tradicional de la ciudad. Es muy práctico cruzar de El Paso a Ciudad Juárez y entrar al primer bar para luego regresar y hablar de una vida nocturna apócrifa de Juárez. Es como ir a Cuba y visitar la "Bodeguita de en Medio", para después decir que estuvo uno en todos los bares de la Habana, gran mentira. En mi opinión muy personal, quien dice que conoció el Kentucky de Ciudad Juárez y estuvo en él, nunca visitó Juárez sino sólo un bar evitado por los juarenses por razones obvias.

La calle Vicente Guerrero estaba llena de cantinas de segunda o tercera clase, por lo tanto, los choferes no solíamos llevar a los clientes a esta calle. Aquí había bares malolientes, mal cuidados y de bajo mundo. Algunos de estos bares se salvaban del mal prestigio por las cantineras que contrataban, como fue el caso de "La Rueda", donde había cantineras muy jóvenes y de buen ver para aquella época y quienes se dejaban manosear, pero también era guarida de los narcos de aquel tiempo. El bar como el *"San Francisco"* era de los tradicionales para los juarenses, donde había música y buenos precios del licor, siempre lleno por sus atractivos espectáculos y conjuntos amenizantes.

Había bares aislados en los barrios tradicionales como el bar *"Niza"* llamado anteriormente *"El Ancla"*, ubicado en la calle Tlaxcala y Xochimilco, frecuentado por doctores y aduanales del barrio Cuauhtémoc, como el Dr. Castro, a quien después me lo topé en un momento difícil de mi vida. El bar "El Papillón" era visita obligada de todos los taxistas después de ver el béisbol, ubicado al lado del parque Borunda. Un bar muy peculiar en ese tiempo era el bar "La Rana Verde". el único con dos barras, ubicado en la calle Lerdo, muy *cotorrón* por la forma del lugar, la gente que trabajaba en el llamado "Chuco", llegaba a tomarse una cerveza después del trabajo.

IX
ROBO A MANO NO ARMADA

"La ocasión hace al ladrón"

RECUERDO EL BAR "INTERNACIONAL' como guarida de los cubileteros y amantes del dominó, como muchos otros bares que había alrededor del mercado Juárez. Un día llegué a este bar buscando a mi padre y entré en el preciso momento cuando se estaba disputando una partida de dominó de bastante lana. La mesa estaba localizada inmediata a la puerta de la entrada de la cantina y había cinco jugadores, si no me equivoco. Todos tenían sus apuestas en medio de la mesa y la *marmaja* atraía las miradas de los clientes. Creo que se habían calentado los ánimos por la partida y la apuesta se veía bastante substanciosa. Todos se veían a los ojos los unos a los otros, como si fueran a intimidarse entre ellos mismos. Recuerdo a varios de ellos, especialmente al *Catarrucas*, quien tenía arrugas en las arrugas y una voz aguardientosa. Enfrente de él estaba Gaby quien era tranquilo y jugaba con miedo. Al lado estaba Lenox, hombre gordo con cara de hijo de puta y unas patillas largas que desencajaban con su cabeza medio calva. Al otro, al lado de mi padre, no lo conocía de nombre, pero lo había visto anteriormente en el bar. Todos se veían bien picados en el juego. Estaba la partida a la mitad cuando de repente se abrió la puerta y entró un cholo malora con una finta medio *tirilona*. Nadie puso atención a su llegada por estar mirando las fichas para decodificar la siguiente jugada. El cholo estiró la mano al centro de la mesa, los *tumbó* con la apuesta y se peló corriendo. Todos en la mesa lo vieron coger todo el dinero, nadie se inmutó y se quedaron callados, pero nadie se levantó de la mesa y lo siguió. Se quedaron sorprendidos e inmóviles.

Mi padre dijo, "eso nos pasa por pendejos, pongamos otra vez nuestras apuestas".

- "Méndigo rata"-, dijo el Catarrucas.

"Cabrón pazguato"-, dijo Gaby.

Creo que todos concordaron en su momento de pendejez y volvieron a poner su apuesta. En ese momento supe lo que era saber perder.

Las barras para los frecuentadores de bares es el equivalente al sofá del terapista. Un bar es el parque de diversiones de un adulto. El bar es la ocasión masculina para mejorar nuestra condición psicológica y así poder llegar a casa tranquilo después de un día de trabajo, dicen muchos. Aunque hay personas que al beber les cambia la personalidad y se vuelven irreconocibles. Conocí a personas que después de echarse unos tragos, se convertían en cantantes cuando eran introvertidos en su vida común, otros en valentones cuando eran medio cobardes, en galanes cuando en realidad eran tímidos, quienes decían malas razones cuando eran súper educados, etc. Todos con un común denominador: el bar como una válvula de escape a la realidad misma o simplemente un momento para pasarla bien.

X
DINERO, SEXO Y ALCOHOL

"Poderoso caballero es Don Dinero"

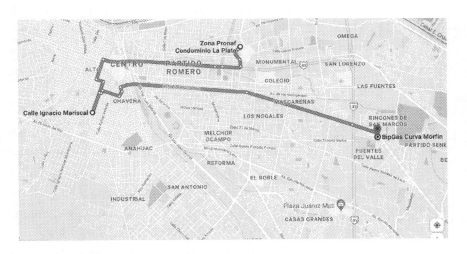

HABÍA DOS BARES QUE los taxistas teníamos que saber de su existencia: *El Horizonte* y el Blue *Room*. El primero estaba ya en las afueras de la ciudad en aquel tiempo, localizado cerca de la curva Morfín que ahora está en el centro de la ciudad. Este era un lugar donde había ficheras, como aquellas de las películas del tiempo de Luis Echeverría. Los taxistas llevábamos a los clientes para pasarla bien, como bailar y tomar con las mujeres, para luego tener sexo.

Cuando los taxistas llegábamos con los clientes, le informábamos al gerente acerca de nuestra razón social y matrícula del taxi.

- "Sitio Camino Real, carro número cuatro"-, les decía al llegar.

Inmediatamente le daban una mesa al cliente y le ponían dos o tres prostitutas en su mesa para que escogiera. Nosotros como taxistas nos sentábamos en la barra y pedíamos una bebida. Los clientes querían que pidiéramos alcohol, pero ya sabíamos el truco para no embriagarnos en horas de trabajo y pedíamos al cantinero uno de *"los de abajo"*. Esta bebida se asemejaba a la del cliente, pero no tenía alcohol. Yo me ponía muy nervioso al principio porque no sabía lidiar con las prostitutas, pero eran muy amables siempre conmigo, no sé si porque era joven o porque les llevaba clientes para ayudar a su economía. Después de que el cliente cumpliera con sus necesidades sexuales, lo regresábamos para dejarlo de vuelta al hotel o llevarlo a El Paso. Al día siguiente los choferes volvíamos al prostíbulo donde se nos pagaba una comisión por el cliente, como si nos hubieran cogido a nosotros. Éramos en parte promotores del negocio de la prostitución, o podíamos verlo como personas quienes ayudábamos a evitar violaciones. Siempre me quedé con esa duda.

El segundo prostíbulo más prestigiado para los taxistas de los setentas era el llamado bar *"Blue Room"*. Se decía que allí había las mejores prostitutas de la ciudad. La verdad que a mí sí me daba miedo cuando iba a ese lugar, estaba por la calle Mariscal, casi a las afueras de la ciudad en una de las colonias más peligrosas. Los taxistas siempre gozamos del respeto de los malandros y nunca nos agredieron, el taxista era un servidor público. En los ochentas no había el tipo de violencia que después se desató en Ciudad Juárez. Lo más escandaloso del crimen de ese tiempo eran los homicidios de mujeres que hasta la fecha nunca se ha sabido a ciencia cierta acerca de los asesinos. En el *Blue Room* las comisiones eran substanciales porque el precio de las mujeres era muy alto, pero éstas dedicaban más tiempo a sus clientes. Había que esperar hasta cuatro horas al cliente, pero las bebidas, *"las de abajo"*, corrían por cuenta de la casa con una comisión obligada. Siempre vi a las prostitutas como las mujeres más humanas de nuestra sociedad. Todas ellas estaban allí por una necesidad y no había otra opción dentro del mundo de ellas. Todas ellas son unas damas cuando se les da el respeto que se merecen y se les trata como tal.

La vida de dinero, sexo y alcohol no se parece mucho a lo que hoy vivimos en la sociedad, pues estos términos cambiaron a avaricia, trata de personas y drogadicción.

XI

UN VIAJE DE BALDE

"A cada capillita le llega su función"

A PRINCIPIOS DE LOS ochentas, era una madrugada fresca de octubre cuando me llamaron de la discoteca ElectricQ, cerca del puente libre de Córdova. Cuando llegué al lugar recogí a una exuberante mujer con una minifalda y blusa negra, acompañada por un hombre quien llevaba una caja en la mano.

- "Al *Bar Alive*", me dijo.

Ese lugar era una discoteca de gente "hijos de papi". Yo sabía que mi pasajero era Willi Moya, el dueño del bar, todos sabíamos quien era, porque salía en los diferentes periódicos en la página de sociales, pero sabíamos que sus negocios no eran tan legítimos como aparentaban.

Mientras manejaba por el llamado "Malecón", podía ver que Willi venía metiéndole la mano entre las piernas a la mujer.

Llegamos al lugar por la avenida Juárez y se bajaron.

- "Cuanto te debo,", me preguntó.
- "Son dos dólares", le dije.

Aparentó buscarse el dinero entre sus bolsillos, luego dijo:

- "Sabes que no traigo lana hermano, la debo de haber perdido. Te dejo esta caja de comida que nos sobró y a la otra me pongo a mano"-.

Le dije que estaba bien, pero no me interesaba la comida pues trabajaba por dinero. Cerré el vidrio de la puerta sin aceptar la caja de comida y me volví a la estación un tanto frustrado porque había perdido mi lugar de primera sin ningún viaje que me retribuyera algo monetariamente. Esa historia de la caja de comida la recordé doblemente cuando a principio de siglo mataron a Willi Moya afuera de uno de sus bares. Se dice que se había quedado sin guardaespaldas cuando los mandó a que se compraran unas pizzas. Los matones lo merodearon y aprovecharon el único instante que tuvieron para darle siete balazos, por mandar a sus guardaespaldas por una comida.

De regreso a la estación de sitio en ese viaje, tomé la calle Ferrocarril para luego dar vuelta a izquierda la calle Mejía. Inmediatamente a la mitad de la cuadra había un bar llamado Zafarí, donde una mujer con poca vestimenta me hizo la parada. Me paré e inmediatamente se subió al taxi en la parte trasera y me dijo que la llevara al bar Lenox, ubicado en la calle Hermanos Escobar y calle Costa Rica.

La mujer traía el rímel corrido en sus ojos llorosos y parecía lagrimear. Le pregunté si estaba bien y con palabras difíciles de gesticular, sólo escuché

- "No sé qué voy a hacer", decía entre sollozos.

Entendí que tenía un problema, pero no sabía cuál.

La mujer era muy bonita, de pelo corto, rubio y la cual llevaba unas pantaletas rosas que se dejaban ver por lo corto de su minifalda a través del espejo retrovisor, por el cual yo nerviosamente la miraba de reojo esporádicamente.

Veía que se comía las uñas de los dedos entre los labios carnosos pintados de un rojo carmesí. Tenía la mirada dispersa y perdida como en un pensamiento de culpa.

Yo como taxista sabía que mi obligación era llevarla a su destino, el cual fuere, pues ésa era nuestra misión, llegar hasta el final del destino.

En la madrugada, el tiempo en la ciudad se suele parar a una cierta hora, donde no hay gente en la calle, los carros descansan en las aceras y las personas duermen su quinto sueño para en poco tiempo volver a sus trabajos. La oscuridad de la noche se empieza a disipar lentamente para dar lugar a la claridad del día a esa hora. Era la llamada hora cero, cuando parece que la ciudad está totalmente muerta.

Llegamos a nuestro destino del bar Lenox.

La mujer me preguntó cuánto me debía. Le contesté que eran veinticinco pesos.

-No tengo dinero"- me dijo.

No supe que decir.

"Espéreme por favor, hay vuelvo y le pago", me dijo.

Vi a la mujer de largas y hermosas piernas caminar hacia la puerta y tocar, nadie la abrió. Ella insistió al tocar más fuerte pero no hubo respuesta alguna.

Se subió al taxi otra vez en la parte trasera y me pregunto,

- "¿Se la mamo o me coge?", no tengo con qué pagarle"-, agregó.

No supe qué contestar. Sentí vergüenza para con ella y hubo un sentimiento en mí que nunca había sentido: pena por la impotencia de no poder ayudarla y frustración por no poder resolverle sus necesidades.

Simplemente le contesté que no me tenía que pagar. Le dije que no había ningún problema.

Llorando me lo agradeció y le pregunté que más podía hacer por ella. Me dijo que si la podía dejar en la calle Uruguay y Carlos Villarreal. Asentí porque me quedaba de pasada rumbo a la estación del sitio.

Durante el trayecto a su segundo destino, la mujer se quedó tranquila pero su mirada estaba muy lejos de mirar al frente. Sólo miraba a un pequeño punto al respaldo de mi asiento.

Susurró con palabras tristes entre dientes, "me robó el cabrón". Eso hablaba por todos aquellos quienes arrebatan lo poco que tiene una mujer.

Llegamos al segundo destino, un bar llamado "El Viejo Oeste", bar del mismo dueño del anterior. Conocía el lugar como la palma de mi mano porque solía conocer al dueño y ambos bares los frecuentaba mi padre.

La mujer bajó del carro y tocó la puerta por la calle Uruguay y nadie abrió. Podía verla a través del retrovisor, experiencia habida de cualquier taxista, pues ahora sería el equivalente a una de las cámaras traseras como las que usan los carros contemporáneos. Nadie abrió la puerta. Caminó hacia la calle Carlos Villarreal para tocar la segunda puerta que colindaba con tal calle. La perdí de vista en mi espejo.

Esperé pocos minutos y no regresó.

Di marcha hacia adelante lentamente y me fui despacio del lugar. Nunca supe si le abrieron, si se fue o si se quedó en aquella puerta esperando una respuesta. Yo había cumplido con llevarla a su destino.

Nunca conté la historia a nadie de los taxistas porque se hubieran burlado de mí y me hubieran recriminado al no haberme cobrado el viaje con un favor sexual. Mi padre sí lo entendió porque era un hombre cabal y me dijo, "hiciste lo correcto mi'jo, hay que hacer viajes gratis a veces".

XII
EL BAÑO SAUNA

*"No es lo mismo torear los toros,
que verlos desde la barrera"*

LOS *BAÑOS ROMA* **EN** Ciudad Juárez eran un icono de la ciudad para los amantes del sauna. El negocio de los baños sauna era un lugar un tanto gris donde siempre estaba Nati, su dueño, al pendiente y cuidado de los clientes. Se decía que la madre de Nati era la mayor narcotraficante de la mitad del siglo pasado en la frontera de Juárez. Era un secreto a voces. Nati era de una familia respetada dentro del submundo de la mafia de ese tiempo. Todos sabíamos acerca de su vida, pero había códigos de respeto. La familia de Nati era muy discreta en todo lo que respectaba a sus negocios legales e ilegales. Nati tenía una voz ronca y una mirada penetrante, pero siempre la amabilidad de un hombre cabal. Las salas de los Baños Roma eran nuestra visita obligada los martes y sábados, porque decía mi padre que había que desintoxicar el cuerpo a través del vapor y la expulsión del sudor. Recuerdo que la primera vez que me llevó mi padre, a los cinco años dizque para hacerme hombre, según él, casi me ahogo al estar en la sala del vapor caliente. Entró un peculiar amigo de mi padre, Willy Rauda padre, famoso comentarista de toros y quien se encargaba de poner el humor negro al lugar. Rauda le abría a todo lo que daba la serpentina del vapor para que se salieran los clientes echando madres, mientras aquella caldera echaba fogonazos de aire húmedo y caliente.

Recuerdo aquella primera vez en la sala de vapor cuando mi padre me sentó en un rincón y yo apenas podía respirar por lo caliente del ambiente infernal.

Mi padre me decía, - "no respire por la boca"-, pero al no hacerlo mis fosas nasales parecían respirar fuego.

Aquello era como estar en la antesala del infierno y uno sentía lo quemante en todo el cuerpo. Después de un buen rato de tortura, mi padre me sacó de aquella caldera y me llevó a la ducha del agua helada. Yo tenía mucho miedo al chorro del agua porque estaba súper helada, pero no me quería rajar, porque entonces mi padre no me llevaría más con él al sauna.

Jaló mi padre la cadena y aguanté el chubasco congelante sobre mi cabeza y desde entonces le perdí el miedo a ese cambio de temperatura; de lo caliente a lo helado en un segundo. Al salir de la ducha se envolvía uno en una sábana percudida que olía a jabón *Zote*, luego venía un empleado bigotón apodado el *Pelón*, su nombre era Víctor, que para talonear su propina lo frotaba a uno con un menjurje con base de alcohol y crema, el cual refrescaba todo el cuerpo, Al salir a la intemperie y nos pegaba el aire, aquello se sentía como estar en las nubes, una delicia aquellos *Baños Roma*.

Los taxistas ya sabíamos cómo era aquello de bañarse colectivamente, pues era un lugar de encuentro para platicar y contar anécdotas cotidianas. Un día de tantos, entró un nuevo cliente a la sala caliente y leía el periódico mientras su abultado cuerpo empezaba a sudar. Cuando aquel enorme cuerpo inerme estaba empapado en su propio sudor, vino sigilosamente nuestro buen amigo Rauda y de repente le aventó violentamente un cubetazo de agua fría, sin decir agua va. Se la echó fuertemente como si fuera un latigazo de odio hacia él. El hombre se enmuinó y se paró para echarle bronca, todos nosotros desnudos veíamos siempre la misma ensayada escena para los clientes nuevos. Rauda pidió disculpas diciéndole que lo había confundido con otra persona porque el periódico no lo dejó ver su cara, pero eso no era cierto, simplemente así era la manera de recibir a quienes iban por primera vez y Rauda los bautizaba a su manera. Todos nos reíamos por dentro de aquellas travesuras. Rauda era un niño adulto y muy pelangoche para hablar.

En los baños no solían dejar entrar a homosexuales, aunque había algunos y sabíamos quienes eran. Ellos trabajaban como meseros y tenían un respeto mutuo por todos los que íbamos regularmente, simplemente iban a bañarse y no a ver qué pescaban. Cuando Nati envejeció, los baños decayeron por falta de mantenimiento y a finales de los ochenta la mayoría de los clientes nos fuimos a los baños en el fraccionamiento Los Nogales, del Dr. Rivera Lara, famoso otorrinolaringólogo juarense.

Más de veinte años continuamos yendo a dizque a desintoxicarnos en el baño sauna y a tomar unas cervezas mientras nos bañábamos y platicábamos con los amigos. Muchos de los bañistas pertenecían al mundo de la política, al gobierno, a la universidad y a todos los demás gremios. Los baños eran un lugar donde no había estatus social, todos encuerados nos vemos iguales, aunque hay unos más barrigones y peludos que otros.

Rauda y Willi, padre e hijo, siempre fueron buenos amigos de muchos de los taxistas, aunque el padre fue muy tremendo. Ellos eran dueños de un bar privado llamado *La Peña Taurina* donde iban los toreros después de las corridas de toros. Rauda era uno de los comentaristas más importantes de toros en México. El bar era un lugar bohemio y donde se necesitaba ser miembro o amigo de los dueños para poder entrar. Rauda siempre le dio a mi padre llave para entrar al bar. Era un antro decorado con cabezas de toros disecados en las paredes, trajes de luces de toreros importantes y todo lo demás relacionado con el mundo taurino. El lugar solía tener un cantante en vivo los fines de semana. Algunos taxistas, amigos de Rauda, también frecuentaban el lugar. Los taxistas vivíamos en parte de llevar a los clientes gabachos a la plaza de toros. Era un buen ingreso aquellos "domingos de corridas", como decíamos los choferes.

En ese tiempo conocí a Brian Sullivan quien era un estudiante de maestría en filología en la Universidad de Texas en El Paso. Era un gringo con un acento muy marcado que no podía con él, pero era muy aficionado a los toros e iba a platicar con Willy para preguntarle acerca de la tauromaquia y todo lo que había ahí en el lugar relacionado con el mundo taurino. El escribía su tesis de maestría acerca del léxico de la tauromaquia, pocas veces cruzaba palabra con Rauda, quien se burlaba de él y le decía, "pinche güero pendejo, que vas a saber de toros si ni siquiera sabes español".

Me daba pena por Brian porque era una persona muy noble y tranquila. Pasó el tiempo y Brian terminó su tesis acerca de la tauromaquia y la trajo a la *Peña Taurina* para dársela a Rauda. Se la dedicó firmada y se la entregó. Ese día, Rauda le estrechó la mano y le dio un abrazo a Brian, quien se ganó el respeto de aquel hombre que lo había consistentemente asediado por ser estadounidense. Al final Rauda se dio cuenta que aquel gabacho era más hispano que muchos quienes suelen jactarse de ello.

Recuerdo que un día le insistimos a Willi bajar los trajes de luces y disfrazarnos con ellos en Halloween. Nadie sabía el lío en el que nos estábamos metiendo. Cuando Rauda padre se enteró de esa barbarie, se armó un escándalo y nos quería golpear a todos, pero salimos corriendo vestidos de toreros como si el toro nos fuera a coger. Aquello parecía un carnaval nocturno. Días después se calmaron los ánimos y todo volvió a la normalidad. Los trajes fueron puestos en su lugar y Rauda nos mentó la madre a cada uno de aquellos de los que participamos, pero no pasó a mayores. Con el tiempo la situación fue cambiando y Willy hijo convirtió el bar en un restaurante de carnes con los mejores frijoles graneados que uno pudiera comer en la ciudad, se llamaba "El tragadero", nombre que me imagino lo escogió el padre, por lo que representaba el término y la personalidad de él.

Así era la vida. Combinación de sauna, bar y toros.

XIII
DE TAXISTA A PILOTO

"Mucho vuela el viento, pero más el pensamiento".

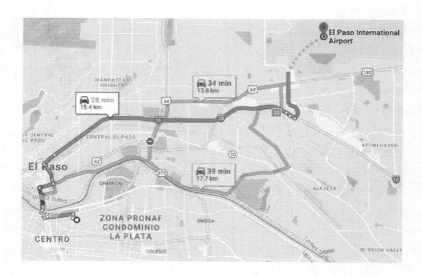

 TENÍA YA DIECINUEVE AÑOS y un día sonó el teléfono al estar yo en primera en el sitio. Era una llamada para recoger a una persona en el Fraccionamiento Colegio. Tomé nota de la dirección y me arranqué por el pasajero. Llegué al lugar y pité, pues era normal hacerlo como taxista cuando llega uno a recoger pasajeros. Salió un señor como de sesenta años con una maleta y vestido con su traje de piloto muy elegante. Acomodé su equipaje en la cajuela con el máximo cuidado que éste requería. Antes de subir me pidió si se podía ir en el asiento de enfrente y le dije que no había problema.

Le pregunté su destino y me dijo - "Al aeropuerto de El Paso por favor"-.

Parecería que ése era mi día al tener una ida a El Paso. Esos viajes me solventaban mi situación económica para pagar mis clases de inglés en El Paso Community College. Mis ingresos eran limitados porque sólo trabajaba como taxista de cinco a diez de la mañana mientras sucedía el cambio de turno, el chofer de noche se iba entre cuatro y cinco de la mañana, mientras que mi padre llegaba entre las nueve y las diez de la mañana. Este horario me lo dio mi padre cuando le planteé la idea acerca de mis planes de estudiar después de la prepa, él me dijo que no tenía dinero para tal cosa, pero que me prestaba la herramienta de trabajo: el taxi.

Mi padre sacrificaría una o dos horas de su turno para que yo trabajara. Acepté el trato y el sacrificio mayor era levantarme a las cuatro de la mañana e irme corriendo al sitio, la distancia para mí era corta pues solía correr cotidianamente y estaba en condición. Esta carrerita mañanera me ahorraba dinero de la rutera y también me ponía en condición física. Esas cinco horas de taxista eran vitales para cubrir mis gastos y aunque había veces que no cogía ningún viaje durante las mañanas, pero sin embargo ayudaba a que el carro de sitio avanzara para cuando mi padre llegara. Más de una vez le entregué el carro en primera a mi padre, a él le daba pena porque quería que yo sacara algo de dinero por mis desmañanadas tan temprano.

El señor piloto me preguntó cómo me llamaba y le dije mi nombre, - "Héctor"-.

Yo le pregunté por el suyo y me contestó, - "Manuel Mendiolea" -.

Durante el trayecto me dijo que era de Chihuahua y que iba a volar. Le pregunté que a dónde volaría, me contestó que localmente pues era el jefe de pilotos del Cessna Pilot Center. Me pareció muy interesante su plática pues me contaba que su labor era forjar pilotos.

Interrumpí súbitamente su placentera plática y me atreví a preguntar:

- "¿Me podría enseñar a volar?"-, no sé qué me pasó por la cabeza, pero yo ya me hacía volando.

Me miró sorprendido al ver mi entusiasmo. Se me quedó mirando un tanto incrédulo, luego sacó y me dio su tarjeta de presentación, diciéndome que lo visitara en su casa de El Paso Texas a las cinco de la tarde puntualmente el domingo de esa misma semana.

Se me hicieron largos los días para que llegara esa tarde del domingo. Me alisté y me fui un poco más temprano para llegar a tiempo. Llegué a una casa de ladrillo blanco y hubo momentos que dudé en tocar el timbre, me preguntaba qué hacía realmente ahí, pues no tenía en que caerme muerto, pero finalmente timbré.

Abrió la puerta el Capitán Mendiolea y lo saludé amablemente. Me recibió y me pidió que me sentara en una silla del comedor, donde tenía una serie de libros de aviación. Era una casa sin lujos y parecería que el capitán vivía sólo, pero después hizo la aparición una mujer mucho más joven que él y me la presentó, pero de inmediato ella se retiró de la escena.

El Capitán Mendiolea empezó a darme consejos como un padre, nada relacionado con los aviones. Me decía que no importaba en la vida lo que uno quisiera hacer, pero debería de hacerlo uno con toda la pasión.

Me dijo, - "si vas a ser un ladrón, tienes que ser el mejor ladrón del mundo"-.

Nunca se me olvidará ese consejo, pues vale para cualquier profesión.

Empezó a abordar el tema acerca de la aviación muy someramente y me mencionó la mucha disciplina y respeto requeridos para a aprenderla.

Se jactó de ser él el único piloto mexicano que había volado el famoso avión "El espíritu de San Luis", icono de la aviación mundial. Después se fue adentrando en el mundo sentimental de los pilotos y me dijo que un piloto nunca se muere en un accidente si hace lo correcto y respeta las reglas de la aviación.

No comprendía inicialmente del todo a lo que se refería con sus consejos de aviación, pero lo entendí posteriormente con los años.

Me mencionó nunca usar la palabra avioneta en mi vocabulario y clarificó que tal palabra era usada sólo por la prensa por ignorancia.

Apasionadamente mencionó que los aviones se deben de tratar como a una novia de quince años, con mucho cariño y suavecito, de otra manera se le van a uno de las manos. Entendí esa analogía mucho después cuando me adentré al mundo de la aviación.

Ya habían pasado cerca de dos horas, aunque a mí me parecieron como veinte minutos por lo ameno de la plática. Se veía el Capitán un poco cansado y me pidió que volviera el siguiente domingo a la misma hora.

No sabía qué pensar, pero le agradecí su tiempo y me volví a casa un tanto desconcertado y a la vez emocionado. No quedaba claro si me enseñaría o no a volar, pero poco me importó porque su plática me satisfizo y me llené de ilusiones y "sueños guajiros", como dijo mi padre cuando le mencioné mi idea de aprender a volar.

El siguiente domingo volví a la misma hora y realmente no sabía si aquello empezaba una carrera de aviación o una relación amistosa con el Capitán Mendiolea quien posiblemente quería sólo platicar con un joven de diecinueve años.

Me volvió a sentar en la misma silla de la mesa del comedor, pero esta vez ahora sí empezó a hablar de los principios de la aviación. Me dijo que, al aprender los principios de la aviación, éstos podrían ser aplicados a la vida misma. En ese momento no hice la conexión, pero escuchaba con atención y tomaba nota mentalmente.

Me mostró mapas, gráficas, dibujos de motores, de nubes, de radios, de controles y otras tantas imágenes. Al principio me sentí abrumado y creo que el capitán lo notó.

El capitán me preguntó si seguía estando interesado en aprender a volar; categóricamente le contesté con un rotundo sí.

Me preguntó si hablaba inglés y le dije que tomaba clases por las noches. Creo que ése era un obstáculo en ese momento porque el lenguaje de la aviación es en inglés y es universal. El me dio ánimos y me dijo que de aquí a que acabara mi educación de aviación debería de haber aprendido lo suficiente para sobrevivir. Eso me animó y en ese momento sentí la ayuda que quería darme.

Se quedó pensativo mirándome, me observaba con detenimiento. En ese momento vi toda mi vida en una mínima de segundo, como la experiencia de muchos antes de morirse, pero yo la vida la veía al revés como los pilotos quienes tienen que poner atención al final de la pista antes de aterrizar y no en la cabecera, contrario a lo que la gente piensa. Si uno ve el final de su vida, uno va a tratar de hacer lo mejor para llegar de la mejor forma.

Sin decir nada, se levantó y descolgó el teléfono para hacer una llamada telefónica y escuché decir,

— "Manuel tengo un joven que quiere aprender a volar, tú me debes un favor, por favor enséñalo"-

Lo demás no lo entendí porque hablaron en inglés y era demasiado rápido para mí. Colgó sin decir más y volvió a sentarse en frente de mí.

Volvió y me dijo —"Héctor, Manuel De Reyes te va a ayudar".

Yo no sabía cuánto costaba aquello y me entró una sudoración de vergüenza, pues no sabía cómo iba a funcionar. A los diecinueve años uno no piensa en los problemas de dinero sino como solventar sus propios sueños.

El Capitán me preguntó si podía pagar de veinte a treinta dólares por vuelo para la gasolina del avión y le contesté sin chistar que sí, aunque no me iba a quedar nada para alguna otra diversión.

Agregó - "La instrucción de tierra corre por mi cuenta y la instrucción de vuelo corre por parte de Manuel"-.

Los dos sonreímos al mismo tiempo y me dio su mano en señal de trato. Como siempre, hago los tratos primero y luego a ver como los resuelvo, sí que la vida es al revés como la veo siempre.

Al salir de la casa del Capitán, fue uno de los días más felices de mi vida.

El Capitán Manuel De Reyes me enseñó la disciplina máxima en un avión para que nunca me fuera a pasar nada durante un vuelo. Su miedo era siempre que algún discípulo se fuera a matar piloteando un avión. Después de algún tiempo supe que Manuel De Reyes era el único piloto hispano de la Casa Blanca. Pocas personas he conocido tan brillantes, amables y humanas como ese hombre.

Recuerdo que conforme fui avanzando en mi entrenamiento como piloto, todo se complicaba más por la cuestión de mi escueto inglés y la rigurosidad de mi instructor Manuel de Reyes. Un día pensé que ya había logrado tener la capacidad de controlar el aeroplano en la cuestión de aterrizar y despegar, pero la dificultad era cuando salíamos a vuelos de prueba, era muy difícil poder entender todas las especificaciones comandadas por la torre de control. Daban una serie de instrucciones con números y frases en claves, las cuales identificaba en su mayoría, pero no estaba seguro si había entendido correctamente y tenía siempre preguntas para Manuel para que me reiterará si era correcto lo que había escuchado. Manuel siempre me ayudaba en ese aspecto y claro, me enseñaba también la jerga y las malas palabras del inglés, siempre nos reíamos, por lo escatológico que se ponía. Mi nivel de frustración era a veces bastante elevado y un día decidí ir a la torre de control para reclamar por qué hablaban tan rápido y pedirles mayor tranquilidad en sus comunicaciones. Era 1980 y me dirigí a la puerta de la torre de control. En aquel tiempo no existía todo este rollo del terrorismo y el miedo a las bombas como existe hoy en día. Mi instructor Manuel me dijo que él me acompañaba. Fuimos y toqué la puerta del edificio de la torre de control. Salió uno de los controladores y nos preguntó qué deseábamos.

Le dije que yo era el piloto de hacía una hora que estaba en el patrón de aterrizaje volando y mi matrícula era la 734PT.

Le pregunté, "¿Por qué hablan tan rápido cuando hablan a los pilotos?".

Él controlador de torre se quedó un tanto perplejo y me miró medio sorprendido por la inesperada pregunta.

Me contestó, - "no hablamos rápido, el problema es que tú escuchas despacio"-.

No supe que contestar y Manuel me miró como diciendo, "yo ya sabía la respuesta".

Después de ese día Manuel me prestó un radio con la frecuencia de aviación para poder escuchar la frecuencia una y otra vez. Eso me ayudó para afinar mi oído y terminé entendiendo todas aquellas claves que usaban, ya después no me parecían tan rápidas las conversaciones. Aprendí que hay dos versiones diferentes cuando hay un problema, entonces hay que escuchar ambas para resolverlas.

Manuel me daba la instrucción consistentemente dos veces por semana. Algunas veces él llegaba un poco tarde al aeropuerto, pero siempre tenía una buena excusa: había discutido con la esposa, el perro le había robado las llaves, su carro Pinto no anduvo, entre otras tantas, pero siempre fueron válidos sus pretextos porque siempre llegaba contento y con un chiste pelado para contar.

Recuerdo que siempre que despegábamos me hacía maldades con la intención de hacerme sufrir y luego reírse. Su humor siempre fue negro, pero a mí me fascinaba porque era un reto para poder adivinar qué era lo que iba a hacer para atormentarme como su pupilo. Recuerdo que un día fuimos a Carlsbad para prepararme para el examen final y obtener la licencia de piloto. Volábamos sobre las Montañas del Caballo. Después de haber agotado todas las pláticas durante varias horas de vuelo, veníamos tranquilamente de regreso sin ninguna novedad durante el vuelo cuando de repente Manuel abrió la puerta del avión y este se tambaleó violentamente hacia el lado derecho. Me asusté muchísimo y mi expresión debe de haber sido de terror.

Manuel soltó una carcajada y dijo "quería saber a ver si venías despierto, no vaya a ser que me vayas a estrellar contra las montañas", se rio irónicamente.

- ¡Pinche Manuel! -, murmuré y ya no dije más nada.

Simplemente me cuestioné, "¿qué hubiera sucedido si realmente pasara en cuestiones reales y si me hubiera quedado dormido?', creo que me salvó el pellejo antes de que ocurriera.

Creo que Manuel y yo nunca nos enojamos en ninguna ocasión. Manuel como instructor siempre fue muy duro conmigo, pero era porque él tenía miedo de que alguno de sus estudiantes se fuera a matar al volar. Manuel no tenía compasión en la dureza de sus órdenes y la tolerancia de los errores era de cero cuando uno estaba al frente del timón. Él se había educado en la fuerza aérea militar y pensaba demasiado rápido. Cada vez que subíamos al avión me daba los detalles de lo que íbamos a practicar. Un día llegamos al aeropuerto cuando había una lluvia ligera y la visibilidad era cero. Le dije que era mal día y estaba casi seguro de que cancelaríamos la práctica de ese día, pues yo no estaba certificado para volar usando los instrumentos.

Con su ironía de siempre dijo, - "no hay mejor día para practicar instrumentos que el día de hoy"-

Eso significaba que volaríamos bajo instrumentos. Una cuestión que se practica de una forma hipotética cuando va uno a sacar su licencia de piloto privado y cuyos principios aeronáuticos debe uno de conocer; esta condición de vuelo no es obligatoria y no está tipificada en el examen de vuelo para los pilotos privados.

No me aterró su decisión porque yo sabía que él había sido piloto militar y sabía lo que hacía. Uno de los ejercicios de práctica era poner la mirada a los pies de uno mientras que el instructor maniobra para crear una situación de inestabilidad en la cuestión de la verticalidad y la horizontalidad del avión. El piloto en entrenamiento debe de reaccionar en menos de tres segundos para poner la aeronave bajo control. Me tardé probablemente cinco segundos en hacerlo. Eso puso furioso a Manuel y de mala leche. Estuve a punto de entrar en una barrena, la cual es altamente peligrosa.

Manuel me gritó diciéndome que era el peor piloto que había tenido en su vida y que si no fuera por él, estuviéramos muertos. Me sentí muy mal en ese instante, pero podía entender la gravedad de la situación en la que estaba en ese momento.

Cuando uno vuela bajo instrumentos, las sensaciones corporales deben pasar a segundo grado y debe de obedecer uno lo que los instrumentos le dictan. Yo dudé por dos segundos en los instrumentos y confié en mis sentidos, gran error. Sentí que el avión iba en dirección opuesta cuando realmente el instrumento me indicaba que todo estaba bien, pero no hice lo correcto y viré en dirección opuesta.

- "Yo lo sabía, lo sabía"-, me dije a sí mismo.

No debería de haber confiado en mis reacciones sensoriales, lo habíamos platicado mil veces en teoría, pero no en la práctica. Ya había hecho el error. Tal vez bajo situaciones reales y no de entrenamiento, me hubiera costado la vida. Entendí en aquel instante todos los miedos y duendes de Manuel.

Después del error, Manuel me dijo que el avión estaba bajo su control y que volveríamos a la base inmediatamente. No puse atención a todo lo demás durante el regreso, tenía un nudo en la garganta de sentimientos encontrados, sobre todo de enojo, frustración y arrepentimiento. Nos estacionamos y cogí las llaves del avión para entregárselas, le di las gracias y con llanto en los ojos me fui sin decir más.

En ese momento supe que nunca me debería de haber metido en camisa de once varas con una profesión en la cual yo era deficiente. Para ser piloto debe de tener uno la capacidad de poder pensar multiplicandamente en los resultados para evitar errores y yo no me sentía que así era en mi caso. Además de mis deficiencias lingüísticas y financieras, creo que yo era un fracaso en ese momento. Realmente me sentí triste pero nunca con enojo hacia Manuel, él sólo trató de hacer lo mejor como persona y apreciaba esa sinceridad de su parte.

Varios días pasaron y me resigné a mi situación de fracaso, pero me quedaba el buen sabor de haberlo intentado, porque muchas personas tienen grandes sueños, pero nunca van a saber si lo lograrían o no, cuando nunca realmente se atrevieron a dar el primer paso. Estaba orgulloso de haber probado mi capacidad a mí mismo en aviación.

En mi vecindario había una chica a la cual yo admiraba, se llamaba Viviana y le decíamos Vivi. Ella siempre me preguntaba cómo iba aquello de la aviación, pues se sorprendía como un taxista de medio tiempo se bajaba de un taxi para luego subirse a un avión y volar. Ella nunca se lo pudo explicar, pero todo era gracias a la benevolencia de Manuel. Esa semana traté de evitarla para no decepcionarla diciéndole que ya no estudiaba aviación.

Vivi me enseñó como ser corredor de atletismo y decía que cuando nos cayéramos, aunque estuviéramos raspados y sangrando, teníamos que terminar la carrera.

- "Órale cabrones, no se rajen"-, nos decía cuando corríamos. Siempre recordaré sus consejos.

Dos semanas después sonó el teléfono de casa, era mi instructor Manuel de Reyes. Con una voz mansa, me dijo que me vería en el aeropuerto. Le dije que yo ya estaba fuera de la aviación, pero él insistió y me dijo que por favor fuera, que no habría ningún gasto de nada y sólo era para hablar conmigo.

Llegué al aeropuerto y me dio un abrazo. En ese momento fue cuando me di cuenta de que era un hermano para mí. Sin más, me dijo que le diera la vuelta al ruedo al avión como siempre para verificar que todo estuviera bien. Lo hice y subimos los dos, me dijo que yo era el piloto a cargo y me sentó como siempre del lado izquierdo frente al timón. Antes de echar el motor a andar me pidió una sentida disculpa por lo sucedido aquel día lluvioso que volamos bajo condiciones reales usando instrumentos. Reiteró que realmente había sido rudo y grosero, pero aquello se debía solamente al miedo que él sentía de que alguno de sus alumnos fuera a matarse en un accidente de aviación. Lo entendí pues sus palabras sonaban muy sinceras. También me dijo que yo había sido uno de sus mejores alumnos, pero la dureza con la que me había tratado fue porque realmente me estimaba y no quería que nada me pasara nada. Se disculpó sinceramente una vez más y como caballeros nos dimos la mano. Después de ese vuelo cambió todo; no sé si me inyectó la confianza o se fueron mis demonios de inseguridad los que desaparecieron.

XIV
DE PILOTO A SOBREVIVIENTE

"Hombre prevenido vale por dos"

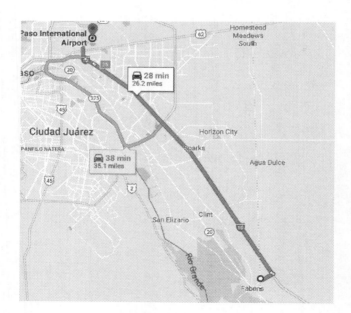

TODO AQUELLO QUE HABÍA sucedido aquel día de práctica de instrumentos había sido enterrado en el olvido. Una semana más tarde Manuel me pidió que aterrizara en el pequeño aeropuerto de Fabens para soltarme y hacer el primer solo.

Me empezaron a sudar las manos, pero creo que ya estaba preparado para mi primer vuelo. Aterrizamos y salí de la pista para que Manuel se bajara mientras yo haría tres *toques y despegues,* como se llama en aviación cuando uno toca la pista y vuelve a despegar a mitad de la misma.

Me dijo. - "haz tres toques y despegues y luego me recoges, te estaré dando instrucciones por el radio"-.

Fabens es un pueblo pequeño con un aeropuerto sin torre de control, pero sí con un radio para comunicarse con los aviones que llegan o despegan del patrón de aterrizaje del área.

Pues me enfilé a la cabecera de la pista de ese aeropuerto y di mi posición de despegue por el radio en caso de que hubiera alguien en el patrón de aterrizaje. Sólo hay que dar actualizaciones por si acaso hay otro avión inesperado y así se da uno cuenta de que alguien está volando en el mismo espacio aéreo.

Pues despegué y sentí el avión mucho más ligero de lo común. Sentí una soledad total y supe que por primera vez yo era responsable totalmente de mi vida en un aeroplano. Había logrado el primer paso de volar yo solo sin nadie más a mi lado. Hice el segundo toque y despegue como se había planeado inicialmente. Siempre estuve contactando la frecuencia de radio de ese aeropuerto para avisar que estaba en el patrón de aterrizaje. Parecía que nadie se aproximaba para usar la pista esa hermosa mañana. En la última etapa del tercer y último aterrizaje, una vez más me comuniqué por radio, pero cuando viré para la aproximación final de la pista, miré un biplano que se aproximaba para aterrizar en dirección opuesta a la pista donde yo estaba enfilado para aterrizar y recoger a Manuel. No lo podía creer y allí empezó a funcionar mi cerebro a todo lo que daba.

Me "paniqueé" al principio, pero recordé a Manuel cuando una vez me dijo, "si tomas una decisión, nunca vaciles, hazlo, porque de otra manera pones en riesgo tu vida y la de los demás"

En ese momento cogí el micrófono y notifiqué rápidamente mi posición de aterrizar, informando que estaba en la aproximación final para aterrizaje completo en la pista. Nadie contestó de vuelta en el radio.

Parecía que el otro avión no traía radio y en eso escuche la voz de Manuel en la bocina diciendo, - "¿Hay un avión enfrente de ti, lo viste? Haz lo que tengas que hacer"-, agregó

Mi decisión en ese momento era la de aterrizar, porque posiblemente si aceleraba y abortara el aterrizaje, el avión de enfrente haría lo mismo y nos colapsaríamos en el aire.

Reduje a cero la potencia del motor antes de aterrizar para perder la mayor altura. Puse los "flaps" y decidí tocar al mero principio de la cabecera de la pista. En cuanto toqué tierra, apliqué los frenos rápidamente y me salí de la pista, levantando una polvareda detrás de mí. Así lo hice y fue un *aterrizaje de pista corta*, como le llaman en el mundo de la aviación. El otro avión pasó rápidamente a mi lado, haciendo un toque y un despegue sin percatarse de mi presencia. Creo que el otro piloto no se dio cuenta de lo sucedido.

En eso vi a Manuel corriendo desde la oficina del aeropuerto hacia el avión. Abrió la puerta para pedirme que apagara totalmente el motor. Se reía, no sé si de nervios o de ironía, pero me abrazó y me dijo, "hiciste lo correcto".

Me bajé del avión con las piernas todas temblorosas y estaba muy nervioso, pero sabía que había salvado el pellejo.

Manuel me dijo con voz sobresaltada, "yo vuelo de regreso, no te preocupes, luego reportamos al pendejo ése", refiriéndose al otro piloto del otro avión.

Había sido aquélla una experiencia única, porque resolví una emergencia bajo una situación real y había hecho mi primer solo, lo cual me acreditaba como un piloto responsable de volar el avión por mí mismo.

En el viaje de regreso, Manuel me dijo que si quería que hiciéramos un reporte en contra del otro piloto, porque había violado las leyes aeronáuticas al no comunicarse al entrar a un espacio aéreo.

Le dije que lo más importante era que no me había pasado nada y no tenía tal interés de reportarlo.

Aterrizamos y platicábamos una y otra vez acerca de lo sucedido. Manuel me ofreció una Coca Cola, "aguas negras del imperio yanqui", como él le decía, dizque para que se me pasara el susto.

En enero de 1981 hice mi reconocimiento de vuelo para el examen final de piloto privado en la ciudad de Las Cruces y lo pasé sin ningún problema. El examinador federal de aviación me felicitó y me dijo que el instructor quien me había entrenado había hecho muy buen trabajo. Se lo compartí a Manuel y se rio irónicamente como siempre.

Había obtenido después de un poco más de un año la licencia de piloto privado, gracias a la bondad de personas como el Capitán Mendiolea y el Capitán Manuel De Reyes, quien ha sido para mí como mi hermano mayor. Ese día regresé a casa y le mostré a mi padre el certificado de la licencia de piloto privado. Creo que ese día empezó él a creer en mí como futuro profesionista, pues él, en su ignorancia, no sabía cómo funcionaba el mundo de la educación, aunque siempre me reiteraba que "el mundo era de los audaces", siempre me hablaba con dichos.

Todo el conocimiento de la teoría de aviación me ha ayudado a tomar decisiones más acertadas en mi vida, tal como lo dijo el Capitán Mendiolea cuando nos conocimos.

XV
DE TAXISTA A CARNICERO

"A chillidos de puerco, oídos de carnicero"

A FINALES DE LOS setentas tuve que buscar un trabajo extra para sustentar las necesidades económicas que enfrentaba al estudiar aviación, pues no me alcanzaba ni para pagar el gas-avión. Mi madre al verme necesitado de dinero me recomendó buscar un segundo trabajo. Ella solía ir a comprar su mandado al llamado Cantón Supermarket y me dijo que había visto un anuncio donde solicitaban personal. Ni tardo ni perezoso me levanté al siguiente día y crucé a pie el puente de la Avenida Juárez para dirigirme a El Paso. En ese tiempo no hacía uno cola para cruzar a los Estados Unidos y sólo tenía uno que decir "American" si uno era ciudadano. Los oficiales no cuestionaban mucho, simplemente lo miraban y le preguntaban que a dónde iba uno, eso era todo.

Era la primera vez que iba a solicitar un trabajo diferente al de chofer de taxi. Iba con mucho miedo, pero era más grande mi sueño de ser piloto que el orgullo de pedir trabajo. Cuando abrí la puerta del negocio del supermercado, noté que había una oficina en la parte superior de la entrada, parecía que era una caseta de vigilancia, posteriormente supe que sí lo era de cierta manera. Las cajeras estaban adentradas en sus labores, cuando interrumpía una de ellas y le pregunté quién era la persona que contrataba al nuevo personal. Me señaló a la persona en la parte superior de aquella caseta vigilante. Iba a subir las escaleras de esa extraña oficina, la cual parecía encubrir secretos de aquella tienda. Una persona de apariencia china, de baja estatura, inmediatamente se me aproximó cuando notó que iba a subir.

Me preguntó, - "What do you need?"-

- "I look for work"-. Le contesté en mi parco inglés.

Ella se dio cuenta de que yo era deficiente en la lengua inglesa, pero creo que no le importó, porque también ella hablaba de una manera difícil de darse a entender en inglés. Ella sabía lo básico del español porque me preguntó mi nombre en mi lengua.

Le dije como me llamaba y que necesitaba el trabajo del anuncio.

Me dio un papel a llenar y puse la información más relevante y lo que no sabía lo dejé en blanco.

Me preguntó si tenía disponibilidad de empezar a trabajar inmediatamente y le dije que sí.

No me afectaba el horario en el taxi porque ese trabajo de chofer era por las mañanas casi de madrugada. Entonces empecé a trabajar al día siguiente.

La china, a quien le decían Miss Wong, me empezó a enseñar cómo funcionaban las cosas en el supermercado y a mostrarme de lo que se trataba todo aquello. El trabajo consistía en acomodar mercancía y descargar en la bodega lo que llegara de mercancía comestible. Después de una semana Miss Wong se me acercó y me dijo que si me interesaba ser carnicero.

No la entendí en ese momento, pero sabía que había una deficiencia en ese puesto, porque la persona que atendía la carnicería venía solamente en ratos y a veces Miss Wong la hacía de carnicera.

Mi primera semana no puse mucha atención a lo que sucedía detrás de la vidriera llena de carnes, pero una vez que me pusieron a atender a los clientes, me di cuenta de la diversidad de palabras que uno tenía que saber de los cortes y texturas.

José era el carnicero disque de planta, parecía *rifar* y controlar en esa área. Cuando me conoció simplemente sonrió y dijo, - "Espero que aguantes a estos chinos, porque el anterior aprendiz, Luis Fernando, los mandó a *chingar a su madre*"-.

Se refería también a Mr. Yang, esposo de Miss Wong, quien usualmente salía de alguna parte de la bodega para verificar que todo funcionara bien. Pero creo que la esposa era quien llevaba la batuta en el supermercado.

José tuvo la paciencia de enseñarme al principio cómo cortar las reses cuando llegaban, preparar los cortes, tenerlos listos ciertos días y a ciertas horas. Para mí aquello era simplemente un mundo de color blanco rosado con un color guinda sangre. Además, aprendí de los otros productos como chorizo, quesos, salchichas y otros tantos productos cárnicos.

Era importante saber usar la sierra eléctrica para cortar las costillas y los huesos grandes. Yo tenía miedo de cortarme una mano, casi no la usaba y esa tarea casi siempre era de José, al menos que viniera Miss Wong e interviniera, pues ella también sabía el *teje y maneje* de la carnicería. Era diestra para manejar también las máquinas.

Un día cuando estaba cortando las sobras de la carne en los huesos para luego echarlas a la carne molida, accidentalmente me rebané el dedo pulgar con el cuchillo' Aquello se veía muy grotesco y sangraba abruptamente. Vino inmediatamente Miss Wong cuando se dio cuenta del accidente y me echó alcohol para lavarme, después me puso una gaza y me mandó a la casa.

Salí corriendo por la calle Stanton para regresar Ciudad Juárez. Era mi camino diario para volver a casa porque vivíamos en la Colonia Hidalgo, cerca del Puente Negro.

Me decidí a seguir derecho por la calle Lerdo para ir a la Cruz Roja, ubicada en ese tiempo en la Calle Internacional, al lado de la plaza de toros Alberto Balderas. Cuando la enfermera me vio con el dedo engazado, me preguntó que sucedía y le expliqué. No se sorprendió para nada, pues era una herida menor para ella. Me revisó prontamente.

Me miró a los ojos y me dijo, "Hay que suturar porque está muy profunda la herida"

- "Hágame lo que necesite, pero no me ponga inyecciones porque les tengo miedo"-. Le contesté con cierto nerviosismo

Movió la cabeza y fue por los instrumentos diciendo, - "nunca he visto a alguien que se sobreponga al dolor cuando hay remedio"-

Agregó, - "La sutura va a ser peor a la aguja de la anestesia"-

No me importa y le dije, - "Dele, los del norte no nos rajamos"-.

Trajo todos sus pequeños utensilios e insertó el hilo en la aguja, ahí empecé a sudar del miedo.

Me dije a mi mismo, - "Qué pendejo soy, hubiera aceptado la anestesia local"-, pero creo que ya era muy tarde.

Ya sentada y con los instrumentos me dijo la enfermera, - "cierre los ojos, apriete los dientes y no vaya a llorar"-.

Cada vez que daba una puntada, me decía lo mismo, no sé si para advertirme o para disfrutar de mi cara de angustia.

Después de cuatro puntadas en el pulgar, la enfermera me dijo, - "ya terminamos, nunca había visto uno que se creyera tan macho"

Hasta la fecha tengo ese dedo suturado medio deforme.

Al día siguiente volví al trabajo con el dedo envuelto en un plástico, amarrado con una cinta adhesiva. Mi madre decía que siempre había que cuidar el trabajo, por lo que volví como si nada hubiera pasado. Cuando Miss Wong me vio llegar, sonrió, creo que fue la única vez que la vi sonreír, pensaba ella que no iba a volver y que tal vez buscaría compensación monetaria. Me recuperé en una semana y media para estar otra vez cortando carne.

José me seguía enseñando todos los secretos de la carnicería. Todo lo que sobraba de las reses, la llamada pedacería, se echaba a la carne molida, esto incluía el cebo, el cartílago y todo lo que fuera materia blanda y para darle más color había que echarle el corazón de la res.

Siempre digo, - *"si en algo aprecias la vida no comas carne molida"*-.

Otra creación era el chorizo, producto muy rentable para el supermercado, porque se preparaba con la carne molida, la cual también era recipiente de salchichas ya pasadas, winnies verdosos, carne medio pasada, pedazos de grasa de las reses, etc., Miss Wong no quería desperdiciar nada. José me enseñó la receta para hacer el mejor chorizo que representaba la casa, el cual se preparaba con mucho vinagre para mitigar cualquier mal sabor que pudiera tener. Muchas veces, más de un cliente nos felicitaba por tener tan buen chorizo. José y yo nos reíamos en nuestro interior por la ironía de aquello.

En una carnicería es siempre importante la presentación del producto porque *de la vista nace el amor*. Cuando la carne se ponía cafezusca o medio verde, era tiempo de convertirla en manjar de reyes, como cualquier buen corte: entonces la convertíamos en carne adobada. Las personas se enamoraban de aquellas chuletas color naranja con un sabroso olor a chile y a vinagre. Nunca nadie se quejó del sabor.

El fin del mes era cuando recibíamos a la mayoría de los clientes en la tienda, muchos de ellos eran personas mayores quienes recibían su cheque de su pensión. Había un señor ciego quien siempre pedía un Rib Eye. No miraba, pero tenía una sonrisa muy especial, daban ganas de darle un abrazo por esa ternura que irradiaba al sonreír. Cuando no estaba Miss Wong, le ponía doble porción de carne y le cobraba solamente una. Había que tener cuidado porque a veces Miss Wong entraba inesperadamente a la carnicería y nos hacía abrir los paquetes para verificar que no estábamos dando gato por liebre. Era una situación penosa frente a los clientes, pero *a todo se acostumbra uno, menos a no comer*.

Teníamos José y yo nuestros clientes regulares. María era una clienta que me solía buscar y le gustaba mucho hablar conmigo, dentro de lo que se podía, porque Miss Wong siempre *estaba con un ojo al gato y otro al garabato* y por lo tanto no le molestaba mucho mi plática con María, pues era una clienta regular de cada tercer día y hacía muy buenas compras. Ella era la gerente del restaurante Tap en el centro de El Paso, lugar que siempre hedía a orines. Me invitaba a visitarla a su negocio, pero yo le decía que no me alcanzaba para ese tipo de lujos.

Un día me dijo, - "Trae tu T-Bone y yo te lo preparo, no te cobro nada". Eso era un decir porque siempre pedía pilón extra en sus pedidos.

Un día José me dijo, - "Un T-Bone extra de pilón no se nota en un pedido tan grande como los de María"-

María y yo nos hicimos buenos amigos, pero siempre fue muy centavera y *no daba pisada sin huarache*.

En la carnicería aprendí que uno es lo que come, pues observaba lo que pedían las personas y cómo lucían; hay una conexión directa en aquello que comemos y como nos vemos. Dejé de trabajar ahí cuando me dieron una beca para estudiar educación superior.

Finalmente, todos los negocios tienen sus secretos, sus trampas y sus verdades.

XVI
DE TAXISTA A SICÓLOGO

"Buena es la justicia si no la doblara la malicia"

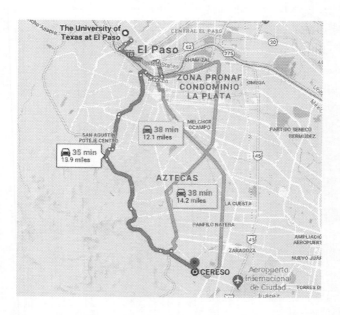

 ENTRE EL TRABAJO DE taxista y mi vida de estudiante continué con mi carrera. Me transferí para la Universidad de El Paso donde terminaría una licenciatura de psicología al principio de los ochentas con la ayuda de muchas personas quienes siempre creyeron en mí. Siempre tuve la inquietud de conocer la psicología de las personas y cómo llegaban dentro de su cabeza a las conclusiones de quiénes eran. Creo que nunca lo supe, ni lo sabré. Inicialmente la carrera era muy interesante, la cual después me ayudó a comprender algunos aspectos de cómo actúan las personas.

Durante la carrera conocí a Adolfo Álvarez en el departamento de psicología. Le decíamos Chofo y era un hombre muy educado, noble y humilde. Venía de muy buenas familias de Ciudad Juárez. Yo compartía su inquietud por saber más acerca del comportamiento humano. Él investigaba más acerca del comportamiento de los operadores en la maquiladora. En aquellos años estaba de boga la problemática de la rotación en las empresas y especialmente de las mujeres en la industria maquiladora. Chofo formó un grupo investigativo y me invitó a participar en una de sus investigaciones de la universidad respecto al tema. Éramos un grupo que admirábamos a Chofo por la gran calidad profesional con la que contaba y como trataba a sus compañeros.

Teresa Balderrama era la prometida de Chofo y su brazo derecho en casi toda la recaudación de datos de la biblioteca. Ella se encargaba de la clasificación de la información recopilada en las revistas y libros académicos, además era maestra de un kínder en Ciudad Juárez. Teresa era súper ordenada con absolutamente todo lo relevante a libros y material recopilado de la industria maquiladora. Ella siempre se preocupó por los demás y pocas veces de ella misma, pero eso le permitía poder alimentar a muchos niños de su kínder, localizado en un barrio muy pobre de la periferia a las afueras de la ciudad. Siempre estaba buscando fondos para comprar lo más necesario para los niños malnutridos que asistían a su escuela. Una vez me platicó que muchos de estos niños inscritos en el kínder asistían con la ilusión de cuando menos desayunar lo que ella les proveía, pues la pobreza imperaba en aquellas casas de cartón de esa colonia a las afueras de la ciudad. Siempre fue para mí la "Madre Teresa" personificada en la frontera, tenía una gran calidad humana y un afán por ayudar a sus semejantes. Parecería que Teresa siempre huyó de la realidad de ser ella misma para servir a los demás.

En la investigación llevada a cabo con Chofo, me ayudaba a foguearme en aprender a hablar con las personas y hacer entrevistas de carácter sicológico. Chofo se tomaba todo el tiempo para enseñarnos las técnicas de hacer una entrevista y sacar el mayor provecho en el menor tiempo. Chofo siempre estaba al tanto de las últimas investigaciones de sicología y le gustaba compartirlas con su equipo de trabajo; un hombre ejemplar como colega.

Un día vino Chofo con la idea de hacer un estudio acerca de la reincidencia de los reos en las cárceles de la frontera y necesitaba un equipo con carácter y empeño para ayudarle. En ese tiempo le pidió permiso al alcalde local Francisco Barrio para poder tener entrada al CERESO de Ciudad Juárez. Chofo era sobrino de Luis H Álvarez quien conocía algunas de las componendas políticas para lograr el objetivo. Era una gran oportunidad de aprendizaje para los estudiantes de psicología por la ayuda de Chofo y su familia, quien estaba involucrada en la política. El Partido Acción Nacional gobernaba en ese tiempo en el Estado de Chihuahua. Chofo me invitó a participar y mi trabajo sería poner exámenes de personalidad a los prisioneros con el grupo de investigadores de la Universidad de El Paso. Me sentí halagado, pero Chofo siempre hacía sentir bien a quienes le rodearan, cualidad inigualable y poco común en muchos de los llamados académicos.

Llegaba a veces en mi taxi al CERESO cuando iba a estas entrevistas, situación que les parecía rara a algunos de los compañeros, pero a mí me gustaba mi ocupación de taxista. Cuando llegué la primera vez con el grupo al CERESO, recordé aquel lugar donde una vez yo había estado en la calidad de detenido debido a un choque. Me asignaron el trabajo de entrevistador para hacer evaluaciones de personalidad.

Empezamos como grupo a asistir dos veces por semana a la prisión. Todos los participantes del proyecto llevábamos un uniforme como si fuéramos doctores. Usábamos una bata blanca que imponía y nos daba el respeto, a la vez daba la presencia que necesitábamos con los reos y personal de guardia.

Chofo tomaba la decisión de cuántas personas y quiénes iban a ser entrevistados en el penal. Empezamos las sesiones y fuimos haciendo ajustes en los cuestionarios porque no era fácil lidiar con criminales y poder conocer hacia donde iban sus respuestas. Dudábamos que las respuestas fueran reales porque estábamos trabajando con profesionales de la mentira, capaces en algunos casos de engañar al más ávido entrevistador.

Duró algunas semanas aquel trabajo tan interesante. Un día uno de mis candidatos a entrevistar, cuando le estaba haciendo las preguntas del cuestionario de personalidad, se me acercó al oído para susurrarme algunas palabras. No sabía qué iba a pasar en ese momento, pero en aquel instante me intimidé porque estábamos en un lugar donde podía pasar de todo.

Me dijo pausadamente y con tristeza, - "Yo no la violé, ella me pidió que me la cogiera, por favor sáqueme de aquí doctorcito, se lo juro que yo no lo hice con esa intención, ella me lo pidió"-.

Mi corazón palpitaba aceleradamente cuando dejé de percibir aquel aliento cálido sobre mi oreja. Con voz tranquilizante y firme, le contesté, - "yo no tengo esa autoridad de sacarlo del aquí, pero ya hablaré de su caso con las personas pertinentes".

Fue el primer comentario venido a mi mente en ese momento para poder salir avante de la situación. Le platiqué lo sucedido a Chofo y nos hizo recomendaciones en el protocolo del cuestionario para establecer lo que deberíamos de decir a los entrevistados antes de empezar nuestra tarea. Nuestra obligación era informar quiénes éramos y cuál era nuestra situación específica dentro de la cárcel, así evitaríamos en el futuro ese tipo de malentendidos entre los presos y los entrevistados.

Pasaron las semanas y seguíamos con el estudio investigativo. Un día al llegar al penal, me asignaron a un reo todo tatuado con un aspecto de asesino. Y lo era. En aquel tiempo los tatuajes no eran comunes sino un símbolo de ser criminal, creo que esta persona no podía disimular quien era.

Cuando empecé la entrevista yo había sido informado que esa persona había matado a un taxista dándole más de doscientas puñaladas. Era un caso muy sonado en ese tiempo por la cizaña como se había cometido el crimen. Había una serie de sentimientos encontrados en mí, porque yo era taxista y siempre lo seré hasta que me muera. Durante el cuestionario salieron a relucir detalles del asesinato y yo tomaba nota. El matón me hablaba tranquilamente como si fuera la mejor persona del mundo, pues dentro de su mundo él lo era.

Me dijo, "aquí en la prisión no me quieren"-.

Le pregunté cómo había llegado a esa conclusión.

Me contestó, - "no me dejan entrar a las clases de primaria y no me quieren enseñar a leer"-.

El CERESO tenía una primaria abierta ofrecida por las noches dentro del penal para los reos.

Me mencionó que sus padres no lo habían mandado a la escuela, pero él si quería aprender a leer y a escribir. En ese momento sentí mucha pena y me enteré de que el daño se lo habían hecho desde su niñez con la exclusión de los elementos más básicos, como es la educación primaria.

En ese momento me di cuenta de lo importante de nuestros padres al hacernos gente de bien al educarnos, pero también pensé en el lado opuesto, cuando uno como padre comete la irresponsabilidad de no hacer lo correcto, dejando a la deriva de la ignorancia a los hijos para luego perderlos, muchas veces, en los vicios y la mal vivencia, como era el caso de este asesino.

Una vez entrados en la entrevista le pregunté por qué había matado al taxista.

Fríamente me dijo, - "Nomás por la loquera, no me quiso prestar el taxi"-

Otra pregunta que me aventuré a hacerle durante la entrevista, fue qué era lo que sentía al darle tantas puñaladas a aquel taxista. Me dijo que ya en la loquera, y ya después que *se lo había cargado el payaso*, las puñaladas eran lo de menos.

Me quedé frío con su respuesta, pero continué mientras con el corazón me latía aceleradamente.

Mientras lo entrevistaba, él se entretenía haciendo dibujos de Cristos con caras y ojos grandes, condición de muchos esquizofrénicos. Amablemente me pidió que le llevara un pañuelo blanco la siguiente vez y que me dibujaría un Cristo muy bonito mientras conversáramos, situación que no iba a suceder porque hasta allí completábamos nuestra tarea de investigadores. Cuando terminé esa entrevista, compartí los resultados de la plática con Chofo. Creo que él notó lo que me había afectado emocionalmente en mi persona aquella conversación.

Durante ese tiempo en el penal adquirimos mucha experiencia en nuestra carrera como psicólogos. Chofo nos enseñaba cómo buscar información en la biblioteca y luego clasificarla. No había Google ni las cuestiones de tecnología que existen hoy en día. Era un entrenamiento de campo para los futuros profesionistas y eso nos daría renombre al salir de la universidad. Creo que Chofo nunca se dio cuenta de cuántas personas ayudó con su pasión por la sicología, a la academia y a la sociedad. Realmente el concepto griego de academia lo ejercía en su máxima expresión: sentarse a enseñarnos humanísticamente.

A mí me gustaba la profesión de psicólogo, pero nunca terminé por entender por qué las personas no cambian. Los psicólogos ofrecen consejos, posibles soluciones, pero pocas personas hacen los cambios necesarios para buscar la felicidad. Aun sabiendo muchas veces que nuestras acciones tendrán un resultado negativo, seguimos actuando sin hacer lo correcto. Esa fue una de las razones por la que cambié mi profesión a maestro de lengua, pero el cuestionamiento anterior nunca lo he resuelto y sigo preguntándome por qué somos tan obstinados para ser felices cuando la vida nos da todo para serlo.

Chofo siempre nos daba crédito como participantes en sus publicaciones y nos mencionaba en sus juntas académicas con sus colegas de alto mando. Nunca fue celoso o egoísta, en comparación a muchos otros profesores quienes viven del "yo" personal. Aprendí que uno de los ambientes más nocivos y tóxicos para un ser humano, es el submundo universitario de la academia, donde por una publicación, que posiblemente nadie va a leer en el futuro, o tal vez por una coma o un signo de interrogación mal puesto, algunos profesores se pelearían hasta la muerte.

Pero como mi buen amigo Arturo Pérez decía, "toda la historia comienza en la Biblia cuando Abel mata a Caín por puros celos (envidia) y así empieza la puta humanidad".

Eso lo debería Arturo haber hecho derecho de autor como cita universal. Muchos aquellos con doctorados viven llenos de envidia y engañados al creer que son más inteligentes por poseer un título universitario. Conozco pocos académicos con la humildad de respetar y ser profesionales con sus colegas, uno de ellos es Chofo.

XVII
DE TAXISTA A EMPRESARIO

"Cayendo el muerto y soltando el llanto"

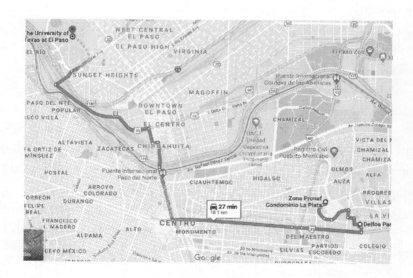

 ERAN COMO LAS NUEVE de la mañana cuando estaba en tercera para salir cuando hablaron por teléfono a la base del sitio.

Charly, uno de los choferes quien era mal encarado, me dijo, "habla una muchacha y pregunta por ti".

No sabía de qué se trataba, pero contesté el teléfono. La clienta me dio los detalles de la dirección para ir por ella. La ubicación era una casa enfrente del parque Delfos en el fraccionamiento Monumental. Cuando llegué vi a una muchacha y recordé haberla llevado anteriormente a la Universidad de Texas en El Paso, pero en aquella ocasión ella había llegado caminando al sitio.

Esta vez me pidió una vez más que la llevara a la universidad porque su carro no había querido arrancar. Durante el camino rompió el hielo y empezó a platicar. Me decía que trabajaba en la universidad en una oficina administrativa y a la vez estudiaba. Su nombre era Bárbara, una mujer muy atractiva, con un cuerpazo de modelo y unos ojos de ensueño. Tenía una gran capacidad para hablar, su voz sonaba convincente y a la vez muy sensual.

Yo en verdad estaba muy nervioso porque no acostumbraba a llevar mujeres tan bonitas y también era un tanto tímido con las chicas. Ella hablaba con fuerza y potestad, como si tuviera magia en las palabras. Sonaba como si supiera lo que fuera a pasar, como un hada madrina. Me platicaba como si hubiéramos sido amigos de por siempre, o al menos eso me imaginaba en ese momento.

En el trayecto me preguntó si estudiaba, le contesté que estaba tomando clases de aviación y estudiaba inglés por las noches para que cuando acabara la preparatoria, pudiera seguir estudiando, pero le mencioné que mis recursos no eran suficientes para tales objetivos, al menos hasta ese punto de mi vida.

Creo que ella se dio cuenta que yo venía de una familia de bajos recursos, los taxistas no suelen ser ricos financieramente, pero sí en otros aspectos de la vida.

Antes de llegar y bajar a su destino, suspicazmente me preguntó si me gustaría estudiar una carrera y obviamente le dije que sí. Me dio su nombre completo, su número de teléfono y me pidió llamarla para ver si se podía hacer algo por mí; eso me emocionó. Ella me aseguró que de una u otra manera yo iba a estudiar. No me sorprendió su tono, pues parecería que estábamos en la misma dimensión. Eso era como encontrarse a un ser espiritual quien en otra vida tal vez fue alguien que siempre nos ayudó o que posiblemente se quedó con una deuda para hacia con nosotros. La dejé en su lugar de destino por la calle Universidad y Stanton, se despidió alegremente. Me quedé algunos minutos para ver el salero con el que caminaba y me regresé al sitio.

Días después, con todo el miedo del mundo, le hablé y la invité a salir. Creo que ha sido mi mayor reto de joven inexperto, porque no creía que una mujer de ese calibre pudiera aceptar a salir con un taxista, pero con todo el temor, marqué su teléfono y la invité al cine, ella aceptó. Después de colgar no sabía que iba hacer pues yo no tenía carro. Sabía que ella tenía una ranfla Volkswagen azul muy *tirilona*, tal vez ya funcionaría. En ese tiempo no era importante tener carro y pocos lo tenían.

Llegué a su casa, toqué a la puerta y salió lista para partir. Me preguntó cómo había llegado, le dije que en la rutera porque andaba a *riel*; al menos era auténtico en mis respuestas. Sin chistar dijo que entonces nos iríamos en su carro.

En el trayecto me platicó un montón de aspectos filosóficos de la vida, los cuales nunca había pensado en ese momento. Me encendió la duda y me prendió el foco para pensar en temas que no me había cuestionado anteriormente en mi vida. Su plática era espiritualmente profunda y realmente me hubiera gustado no haber ido al cine y mejor escuchar más aquellos asuntos de la vida de las que me platicaba.

Recuerdo que después de ir al cine, llegamos a su casa y me presentó a su mamá. Antes de despedirnos sacó una guitarra y me preguntó que si me gustaría escuchar alguna melodía de las que ella tocaba.

Pues imagínense, conocer a una chica guapa y todavía que le toquen la guitarra, aquello era un tanto surrealista para mí. Era más que fenomenal. Estaba yo anonadado pues era una mujer muy bonita, voz firme, dulce, con ojos andaluces: negros y profundos. Además de su voz sensual, cuerpo de diosa y mirada penetrante. Creo que la vida de taxista es la más interesante de lo que las personas piensan, me reiteré a mí mismo en ese momento. Me despedí después de la cantada y fui a casa muy ilusionado después de haber escuchado su música.

Pasaron algunos días y Bárbara me llamó para decirme que tenía alguna información y decirme acerca de las varias becas del gobierno disponibles para estudiar. Me mandó a hablar con algunas personas en un lugar en la calle Montana en El Paso para llenar los papeleos pertinentes a las becas del gobierno. Un requisito necesario para recibir los dineros del gobierno era ser ciudadano y tener una dirección en El Paso Texas. La primera estaba resuelta pero la segunda se me complicaba. Tenía a mi madrina María Esther en El Paso, a quien siempre recordaré por lo buena que fue conmigo. Le pregunté si podía usar su dirección de correo para este fin de recibir correspondencia para una beca universitaria, ella asintió inmediatamente. Creo que siempre fui su ahijado preferido, o así me lo hizo sentir toda la vida, aun cuando perdió su memoria por demencia senil, siempre se acordó de mí. Mi madrina era todo un personaje; era valiente y muy trabajadora, una de las mujeres más bonitas que he visto en mi vida. Mi infancia fue muy alegre gracias a que ella siempre venía para llevarme a mí y a mis hermanas al parque los domingos. Ella me dio el catecismo de niño y nunca voy a olvidar que me enseñó el decálogo en toda su extensión de significado. Me lo hacía recitar cada vez que me veía. Mi madrina nunca se casó y al final de su vida se hizo monja, una santa la mujer.

Recibí respuesta después de varias semanas del gobierno y me dieron la beca para estudiar educación superior en el Paso Community College; sería aceptado para el otoño de ese año. No lo podía creer, Bárbara, una chica guapa, de clase media alta, con una belleza inigualable, se tomó el tiempo para conducirme a la vida universitaria. Siempre he pensado que ella es un ángel que Dios mandó a esta tierra para ayudar a muchas personas.

Después de un tiempo, Bárbara y yo nos hicimos muy buenos amigos. Aprendí que la amistad no tiene barreras sociales, aunque ella me presentó a personas ricas de la ciudad como Magaly Fuentes, quien era íntima amiga de ella. Me invitaba a los lugares más extraños, como al Tom Folleries, lugar donde se bailaba rock heavy metal, igual me invitaba a un bar romántico como *The Train*, donde servían la cena muy acogedoramente. Me sentía alagado siempre con su imponente presencia. Todos mis amigos me preguntaban que de donde había sacado una *jainita* de ese calibre.

Hubiera querido ser su novio, pero siempre pensé que eso destruirá nuestra amistad. Hasta ahora no sé si me hubiera dado un sí o un no a una propuesta de noviazgo. Lo que sí sé, es que había una conexión de almas gemelas, pero no la había como una pareja de enamorados de los setentas. Cuando me gradué de piloto, fue mi primera invitada para ir a volar. Ella no le tenía miedo a las alturas y me sentí muy orgulloso de llevarla al lado, pues siempre vio la vida desde arriba y ahora lo corroboraba.

Seguimos frecuentándonos y me ayudaba a conseguir trabajos extras, como enseñar clases privadas de inglés o de español. De repente un día me llamó Bárbara para decirme que íbamos a abrir una escuela de enseñanza de inglés y español para la industria maquiladora, pues tenía una amiga llamada Isabel Fuentes en la gerencia de una de las empresas más importantes y ella nos estaba abriendo la posibilidad de instalarnos allí como maestros de sus empleados. Sin chistar le dije a Bárbara que *estaba más puesto que un calcetín* para crecer. Una gran persona Isabel, porque nos ayudó en todo, pero sobre todo en ser una fuente de trabajo internacional en la frontera. Empezamos con dos clases y en dos años teníamos cerca de cien, lideradas con diferentes maestros que contratábamos de la Universidad de Texas en El Paso para ir a la *maquila* a dar clases. Nuestros maestros eran los asistentes de maestría y daban clase en la universidad o estudiaban su maestría, era una gran ayuda para pagarse sus estudios. Fuimos creciendo en número de clases y financieramente con la contratación de compañías como Johnson & Johnson, Coca-Cola, entre otras que creían en nuestro personal. Bárbara me pidió que contratáramos a un gerente para mitigar la carga de trabajo. En este tiempo nos ayudaba un gabacho con las clases de inglés. Le hicimos la propuesta de que nos ayudara e hicimos una sociedad llamada "International Language Consultants".

Un día por la mañana me llama Bárbara y me dice con voz de asombro, - "creo que nuestro nuevo socio no es una buena persona"-.

La intuición de una mujer nunca falla y le creí.

Sacamos un reporte policial de nuestro nuevo socio y resultó ser un prófugo de la justicia por tráfico de drogas y secuestro de sus hijos en Dakota del Sur. Nunca voy a olvidar ese incidente dentro de nuestra compañía. Lo sacamos de la empresa y continuamos. Con los años, el negocio de la enseñanza del inglés y español fue cambiando en la frontera y había mucha competencia.

A finales de los noventas la Dra. Sandy Beyer, jefa del departamento y toda una dama, me ofreció un trabajo de coordinador de lengua en la Universidad de Texas en El Paso. Acepté por las prestaciones que daba la institución, Bárbara y yo delegamos nuestros clientes y nos quedamos felices con lo que habíamos logrado hasta ese momento. Fue un gran ejercicio empresarial lo que hicimos juntos en aquellos años. Bárbara tuvo una vida siempre exitosa como administradora de negocios y se mudó con su esposo Dennis a Las Vegas.

La vida siempre ofrece oportunidades para cada uno de nosotros cuando actuamos con rectitud y transparencia. Siempre hay personas que tratan de ayudarnos, pero muchas veces no las escuchamos. Una vez más, mi trabajo como taxista me había dado esa oportunidad de ponerme a alguien que me guiara en mi camino.

Después con los años supe que Bárbara vería la vida un tanto al revés al igual que yo. Teníamos la sospecha de lo que sucedería con las personas al final de sus vidas con cierta exactitud. La vida no es de aquí para allá sino de allá para acá, un concepto difícil de entender para algunas personas.

XVIII
DEL TAXI A LA SERIE MUNDIAL

Quien no conoce la hiel, no sabe estimar la miel"

 EN EL 2001 DESPUÉS de regresar de España de un viaje de estudios con mis estudiantes, me enteré de que mi padre tenía cáncer pulmonar. Lo podía entender porque mi abuela y mi abuelo paterno murieron de eso, al igual que mi tío Miguel. Creo que mi padre era el siguiente; claro todo ellos fumaban.

En el año 2000 mi padre ya no veía muy bien y el doctor le sugirió dejar de manejar el taxi. Eso no puede ser tan fácil cuando es la única profesión ejercida la mayor parte de una vida. Recuerdo que estábamos en el consultorio del doctor cuando éste le dijo que tenía diabetes y que le daría un tratamiento para mitigar el desarrollo de una mayor ceguera.

Cuando mi padre escuchó el dictamen del doctor, se levantó y rompió la receta. Dijo en voz alta, - "vámonos, este doctorcito no sabe nada'-.

Mi padre ese día le quitó el botón de seguridad y activó la granada que todos llevamos dentro de nuestro cuerpo. El terrorista intrínseco se había despertado. Era cuestión de tiempo esperar el desenlace, pues le habían arrebatado parte de su vida al prohibirle manejar su taxi.

Mi hermana Lorena, quien siempre se evidenció por ser buena hija, llevaba a mi padre al centro oncológico para su tratamiento de radiación y quimioterapia. Mi padre iba a manejar el taxi esporádicamente cuando no se sentía muy cansado. Él se resistía a cualquier quebranto que su cuerpo pudiera manifestar. Cada mañana se levantaba con la mejor actitud y movía los brazos circularmente diciendo que ya estaba curado. Un día se levantó de muy buen humor y dijo que era el mejor día de su vida después de haberse tomado unas pastillas que vio en el buró de su cama la noche anterior. Después supimos que eran unas hormonas que mi hermana Patricia tomaba. Nadie le dijo nada, siempre le admirábamos su actitud positiva frente a la adversidad.

Después de la quimioterapia, a finales de octubre del 2001, me dediqué a buscar la posibilidad de hacer realidad el sueño de mi padre; ir a una Serie Mundial de béisbol. Conseguí boletos para el sexto y séptimo juegos el día tres y cuatro de noviembre de ese año. La serie era entre los Diamondbacks de Arizona y los Yanquis de Nueva York en el estado de Arizona. Nos fuimos manejando mi padre, mi hijo Manuel y yo con un día de antelación. Todo estaba muy tranquilo, pero nos daba cierto miedo porque acababa de pasar aquel ataque terrorista del 9/11 de las Torres Gemelas. Todo mundo tenía miedo de otro ataque en esos días, especialmente en un evento multitudinario como una Serie Mundial.

El día del juego llegamos temprano y nos dimos cuenta de que nuestros asientos estaban en una parte muy alta del estadio. Mi padre se veía bien y no cabía en la emoción tan grande. Yo sabía que él estaba herido de muerte con su cáncer. Subimos lentamente escalón por escalón a nuestras butacas asignadas del monumental estadio atiborrado de aficionados. Mi padre estaba súper emocionado, todavía no lo podía creer el estar ahí. Al terminar de cantar el himno nacional estadounidense antes de empezar el juego, se oyó un gran estruendo y mi padre sólo cerró los ojos. En ese momento pasaron los aviones de los Ángeles Azules por arriba del estadio, él pensó que iba a ser un ataque terrorista.

Vimos un gran partido y ese día la serie quedó empatada 3-3. Todo parecía que al siguiente día iba a haber una gran final.

Cuando llegamos al hotel esa noche después del juego, creo que mi padre ya se sentía muy cansado. Sólo aquellos que sufren los estragos de la quimioterapia saben a lo que me refiero. Hoy en día los fármacos de la quimioterapia son de cuarta generación, pero hace veinte años no eran tan efectivos y los estragos eran mucho más devastadores.

Antes de dormirnos esa noche después del juego, mi padre me dijo, - "mañana váyanse tú y Manuelito al juego, yo estoy muy cansado, no la voy a hacer"-.

No dije nada esa noche, sólo me embargó la tristeza de verlo tan agotado.

La mañana siguiente le traje desayuno a la cama y después de eso me fui al estadio. Cuando llegué a las taquillas le platiqué a la mujer que me atendió en la ventanilla acerca de la condición de mi padre y su cáncer terminal. Le pregunté si podía hacer algo para mitigar el ajetreo de la subida y bajada de los escalones en el estadio de nuestras butacas de tercera.

La mujer después de escuchar mi historia me contestó compasivamente, - "¿Dónde quiere que lo recojamos?"-.

Le señalé un punto de la esquina del estadio y ella me dijo, - "Aquí estaremos esperándolo"-

Me fui al hotel y le dije a mi padre cuando lo vi, - "Vámonos al estadio"-.

Él dijo que no. Le traté de animar y le pregunté, - "¿Puedes caminar del cuarto al coche? Esa es la distancia que caminarás"-.

Me dijo, - "Vámonos *amarrando*", como solía decir cuando se emocionaba para al hacer un trato.

Entonces se reanimó, se levantó y nos fuimos.

Al llegar al estadio le dije a Manuel mi hijo que se bajara con él y me esperara en ese mismo punto mientras iba a estacionar el carro, pero que no diera ningún paso hacia ningún lado para no perdernos.

Regresé inmediatamente después de estacionarme y fui otra vez a la taquilla. La misma mujer estaba allí. Me reconoció y le señalé con el dedo quien era mi padre.

Inmediatamente llamó por radio a las personas que ayudaban en el estadio y vinieron con una silla de ruedas. Lo llevaron al palco de honor y lo pusieron en primera fila al igual que a Manuelito y a mí.

En ese momento mi padre se convirtió en espectador del séptimo juego de la serie como una persona importante, que para mí siempre lo fue.

El empleado del estadio le recalcó que no importaba lo que sucediera, pero que no se podía mover de esa fila.

Luego supimos que cuando un campeonato termina, la gente se vuelve un tanto eufórica, especialmente cuando juegan los Yanquis de Nueva York.

Esa noche ganaron los Yanquis y aquello era una gran fiesta. Mi padre estaba muy contento y no cabía dentro de sí mismo de la alegría. Me abrazó y me jaló una oreja, mismo gesto de cariño que me hacía de niño, seguía siendo su Topo Gigio, pero ya hecho hombre. Parecería que en ese momento su cáncer se había ido para sacar la fortaleza de poder chiflar y abrazar a todos los demás asistentes.

En ese momento aprendí de la gran compasión de las personas en los Estados Unidos hacia los menos afortunados. Siempre me he preguntado si en otro país pudiera suceder una historia como la de mi padre en esas circunstancias.

El catorce de febrero cayó en el hospital enfermo por su condición física quebrantada.

Media hora antes de su partida me dijo, - "si no la cuajo mi'jo, me voy a buscar petróleo"-.

Tenía mucho dolor por su cáncer y le pedí a la enfermera que le pusiera morfina para mitigárselo.

Ella me contestó, - "lo más probable es que no despierte porque está muy débil"-.

Le contesté, - "ahora eso se lo pido doblemente"-.

La enfermera se sorprendió de mi respuesta y le dio la dosis. La respiración de mi padre se fue debilitando y poco a poco se fue apagando su vida hasta dejar de respirar. Era la primera vez que veía morir a una persona, ese era mi padre en mis brazos, la persona a quien más había querido en toda mi vida. Tenía una gran tranquilidad en su cara y creo que se fue en paz con todos.

Mi madre estaba al lado y me abrazó junto con mis hermanas, nadie lloró en ese momento. Creo que esperábamos serenos ese desenlace.

Ese día el alma de mi padre desencarnó para su descanso espiritual con una leve sonrisa, creo que se fue a buscar petróleo.

El dieciséis de febrero me subí con mi gran amigo Manuel de Reyes a un Cessna 172 y eché sus cenizas sobre la colonia donde crecimos. Mi padre y yo habíamos acordado dos semanas antes lo que debería de hacer después de su muerte; creo que él sabía que se iría.

Un gran padre y amigo de copas, quien sólo asistió hasta primer año y apenas sabía leer, pero quien fue un gran maestro y un taxista que disfrutó cada viaje en su taxi. Nunca se enojó, ni hizo ningún mal a nadie. Siempre les dio un buen consejo a todos los que lo rodearon. Creo que soy afortunado en haber tenido un padre como él, quien me enseñó que ser taxista era la mejor profesión para conocer a las personas, su mejor lección fue tener tolerancia frente a todos en la vida.

XIX
DE TAXISTA A CONCESIONARIO

"Cayendo el muerto y soltando el llanto"

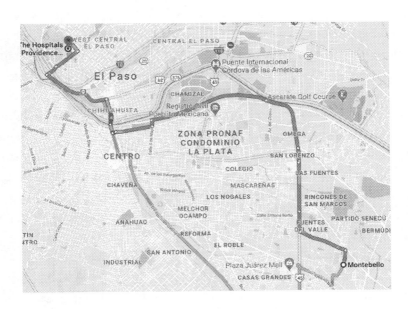

DEDUJE QUE LA CARRERA como psicólogo no era la mejor para mí, me disuadía continuar con esa carrera por la complejidad requerida. Decidí mientras tanto hacer una maestría en idiomas, pero seguía como taxista en ese tiempo. Me gustaba leer literatura y eso se lo debía al Dr. Fidel de León del Community College quien siempre me motivó a apreciarla. En 1986 terminé mi maestría en filología. Me casé el mismo año, pues mi novia ya no estaba dispuesta a esperarme más, su padre le decía que yo la estaba haciendo vieja.

Como egresado de la universidad, después de graduarme, me dieron trabajo de tiempo parcial en la universidad al igual que en el Community College como maestro de lengua. Enseñaba aquí y allá, además de algunas clases privadas gracias a los contactos que había establecido. Tenía que sostener a mi familia, pero los fines de semana seguía trabajando de taxista. Me encantaba manejar el taxi, era como un regalo de la vida para poder conocer personas nuevas y ver el paisaje de la ciudad.

Los fines de semana también me dedicaba a vender uno que otro automóvil a consignación donde me ganaba una comisión. Pablo Covarrubias fue quien me enseñó el negocio de restaurar carros, él confiaba en mí ciegamente como socio de la vendimia. Salía Pablo de viaje a Nuevo México y Texas cada dos o tres semanas para buscar carros "enterrados", como les llamaba. Cuando ya tenía algunos comprados, me llamaba por teléfono para decirme cuantos carros había comprado y que ya volvía con ellos. Yo le decía que ya los tenía todos vendidos y que no se preocupara, claro que esto no era cierto en ese momento. Cuando Pablo llegaba con los carros, ya le había conseguido cliente a la mayoría de ellos. Yo pensaba muy rápido en cuestión de números y eso me dio un buen ingreso en los trabajos extras. Fui ahorrando para abrir mi propia concesionaria de autos a finales de siglo, pero esa es otra historia para otro libro. Hacía de todo para darle una vida digna a mi esposa y creo que nunca fallé para llevar el sustento familiar.

Tengo una historia personal relacionada con la vendimia de carros que no puedo dejar de contarles. Era un jueves 28 de diciembre de 1989 cuando mi adorada esposa, me dijo que se sentía mal por el embarazo, parecía que ya iba a dar a luz en el octavo mes. Le dije que por favor esperara, como si los niños esperaran. Había anunciado en el periódico tres de los carros que tenía para vender, los cuales los ofrecía desde la casa en mi tiempo libre. Ese día no tenía dinero para el hospital, pero uno de los carros se vendería ese día. Aquel día me habló una persona tras otra por teléfono y preguntaron por cada uno de los carros que tenía en venta. Era como si alguien les hubiera dicho que necesitaba hacer esas ventas para ese día, algo increíble. Estábamos mi cuñado Daniel (QED) y mi amigo Pablo platicando de carros, cuando llegaron tres personas distintas, cada uno por su propio lado.

Uno quería calar el Buick Regal y los otros querían calar los dos Chevrolet Celebrity que tenía anunciados. Les pedí a Daniel y a Pablo que fueran a calarlos con cada uno de ellos y yo me fui con uno de los clientes. Al volver de calarlos, cada cliente nos pagó el carro en efectivo, eso era lo común en aquel tiempo, las personas confiaban en las personas. Entré a casa y le pedí a mi esposa que se subiera al taxi y me la llevé al hospital Providencia de El Paso. Dio a luz a mi segundo hijo Manuel. Esa es la historia que nadie me la cree porque sucedió el 28 de diciembre, "Día de los santos inocentes".

XX
DE TAXISTA A ACTOR

*"Nunca pongas todos los huevos
en una sola canasta".*

CONTINUÉ POR TRECE AÑOS como profesor de tiempo parcial en la universidad. Mi buen amigo de ese tiempo, Jesús Tafoya (QED), me recomendó para el puesto de coordinador que él dejaba para irse a la universidad de Sul Ross. La jefa en turno del departamento de lenguas, la doctora Sandy Beyer, una dama, me dio la plaza de tiempo completo en la universidad como maestro. Me encantaba mi trabajo de docencia porque era parecido al del taxi, conocía personas nuevas y cada uno de los estudiantes tenía una historia que contar.

Cada mañana me levantaba a enseñar español alegremente. Mi esposa me preguntaba por qué salía tan contento de casa cada mañana si la clase era la misma siempre. Yo le contestaba que iba a tratar de hacer la mejor actuación de mi vida enfrente de mi público y que no había manera de ensayar. Era como ser actor de una obra cada mañana frente a la clase con los estudiantes. Lo tenía todo: un público, un guion, un espacio escénico y yo como actor de profesor de lengua. Es realmente un lujo ser profesor, además me pagaban bien por hacerlo.

Dentro de mis actividades como coordinador del programa de lengua, me responsabilizaron de entrenar a los asistentes de profesor para ser futuros maestros de español y la mayoría de ellos eran becarios del programa de Creación Literaria a finales de los noventa. Había personajes muy extravagantes provenientes de Perú, España, Colombia, Uruguay y otros países. Parecía el departamento un desfile de egos en aquella maestría llena de soñadores, donde había todo tipo de personalidades. Algunos de ellos se creían escritores ya consagrados, pero conocí muy pocos realmente con el talento para ser escritores. Hubo personas con grandes cualidades creativas y talentosas como Yuri Herrera y Betina González quienes lograron consolidarse en el mundo literario gracias a este programa.

Recuerdo a muchos de ellos por su excentricidad, pero había uno en especial, llamado Jesús, quien venía de Ciudad Juárez y vivía a tres cuadras de donde yo también vivía en la colonia Hidalgo. Un día me llamó y me pidió que si podía ir a visitarlo para *tirarle un paro*. Cuando llegué a su casa no toqué el *pito* como solíamos hacerlo en el norte, porque Jesús me lo advirtió ya que vivía con su abuela y a ella le molestaba ese tipo de acción. Me estacioné sobre la calle Tlaxcala, me bajé del carro y toqué la puerta. Era de noche de un mes otoñal con bastante frío.

Jesús abrió la puerta y me invitó a pasar a la sala. Fue aquel mi asombro al ver un magnánimo cuadro del Sagrado Corazón de Jesús, cuadros comunes en muchas de las casas de los mexicanos, pero este tenía cerca de veinte veladores prendidas, creo que ni la iglesia tenía uno así con tantas llamas encendidas.

Jesús me dijo, - "no te asustes güey, son las jaladas de mi abuelita, pero Chuyito es quien nos protege. Déjame agarrar algo y nos vamos"-

Salimos y nos subimos al carro.

Jesús tenía una voz un tanto nerviosa y sacó un *churro de mota* de su chaqueta.

- "No mames, yo no le hago a la mota, apaga eso"- Le reclamé.

Jesús estaba muy nervioso y empezó a fumar sin hacerme caso.

Empezó a desembuchar y me dijo, - "me van echar de Teaching Assistant, me agarró el profe Armengol fajando con la michoacana que está con nosotros en la maestría. Estábamos en la oficina de los profes, tírame un paro y habla con él"-

- "No mames cabrón, que paro te puedo tirar si yo también soy subordinado"- le dije

En eso vi unas luces por el espejo retrovisor y no le di importancia. Pero de repente me tocaron el vidrio de la puerta. No lograba ver quien era por el vaho que empañaba el vidrio y el humo de la mota del churro.

- "Buenas noches, revisión nocturna"- Dijo aquel hombre con el atuendo de *tira*.

Jesús ya se había terminado el frajo y creo que se tragó la *bacha*, porque nos pidieron bajar del carro para revisarlo y no encontraron ninguna evidencia, a no ser que olía el carro a *yerba loca* y no era fácil esconder que se había estado fumando mota. El oficial fue a hablar con el otro poli, siempre andaban dos en una patrulla.

Volvió y nos dijo, - "nos van a tener que acompañar, pueden darme sus identificaciones"

Ni Jesús ni yo dijimos nada, aceptamos y sumisamente nos subimos en la patrulla, olía a orines y a carro viejo.

- "¿A qué se dedican?"- Nos preguntó el policía del volante.

- "Somos profesores en la universidad"- Le contesté con voz nerviosa

Con voz irónica dijo *el pareja*, - "se van a ver muy mal en barandilla, que dos profes estaban de mariguanos en la vía publica'-.

Jesús contestó firmemente, - "¿cómo nos lo van a probar?"-

Creo que Jesús ya tenía experiencia en lidiar con estas situaciones policiales porque no le tembló en confrontar al chota. Creo que el policía estaba en un aprieto porque no tenía ninguna prueba de delito, pero ya nos había subido para pasearnos e íbamos rumbo a la estación de policía.

De repente su pareja nos dijo, - "Bueno chicos, podemos arreglarnos, dejen algo para la gasolina y los devolvemos"-

Yo me dije entre sí, - "ya la hicimos"-

Le susurré a Jesús para preguntarle cuánto traía. Me contestó, - "nada ¿y tú?"-

- "*Ya nos cargó pifas*, tampoco traigo nada", le dije en voz baja.

Creo que los dos policías escucharon nuestra conversación, pero seguían conduciendo, hasta que de repente se paró al lado por la calle Reforma, a varios kilómetros de nuestra residencia y el que manejaba dijo, - "se ven buenos muchachos, los vamos a dejar aquí, pero pórtense bien, aquí tienen sus identificaciones"-

Ni Jesús ni yo dijimos nada hasta que se alejaron.

Le reclamé encabronado, - "Pinche Jesús, por tu culpa estamos aquí con este puto frio y sin dinero para un taxi, ni para el camión traemos, y eso que somos profes. Todo por moto"-

Ya bajo los influjos de la mota Jesús me dijo, - "¿Cuál frío?, ta'toda madre la noche, sirve que seguimos platicando. Te dije que Chuyito nos protegía"-

- "Tas pendejo, yo le gano a mi chante, arréglatelas como puedas con Armengol"-, no le dije más y enfadado le gané por otro lado.

Nunca el profe Armengol se la hizo de tos a Jesús, creo que era uno de sus estudiantes favoritos y no hubo repercusión alguna.

Continué enseñando español y entrenando a los futuros profesores y después de varios años el Dr. Arturo Pérez, español exiliado, me invitó a ayudarle con su programa de viaje de estudios en España. Acepté y en el año 2000 nos fuimos a hacer el Camino de Santiago con 17 estudiantes. Aquella experiencia de viajar fue fenomenal, pues íbamos de pueblo en pueblo explicando todo aquello del peregrinaje del Apóstol Santiago. El Dr. Arturo Pérez había tenido una educación religiosa muy rigurosa en un monasterio y sus enseñanzas eran muy apreciadas por todos los escuchantes. Yo era su ayudante y su pupilo en ese momento. Con los años nos hicimos los mejores amigos fuera y dentro de la universidad.

Me empecé a interesar más en la cultura española, motivado por las historias que me contaba Arturo de la Madre Patria, pero sobre todo por las anécdotas de su pueblo, Villalba de la Loma. Hicimos otros tantos viajes hasta que él se jubiló, no toleró ver aquella politiquería burocrática del sistema universitario de nuestro departamento y su decadencia total. Arturo me decía que había mucha gente "mala leche", y después con los años lo corroboré. Un día le pregunté que por qué se jubilaba y tristemente me contestó: "Ya no queda nadie inteligente con quien platicar a no ser tú, esto se lo va a llevar la mierda". Creo que era profeta.

En el 2002 me fui a estudiar a España con la ayuda del jefe en turno, el doctor Richard Ford, quien me motivó a ir a Granada y me ayudó con los gastos de inscripción para estudiar cine y televisión.

Recuerdo que era el verano más caliente de muchos. Al llegar a los dormitorios de la Universidad de Granada me di cuenta de que no había aire acondicionado. Por otro lado, la temática del curso de "Cine y Televisión" era muy agradable y valía la pena aquella incomodidad. Algunos asistentes estadounidenses del curso se devolvieron la primera semana a Estados Unidos porque no aguantaron el calor y tampoco toleraron vivir con los marroquíes, quienes venían a completar una certificación en español a la universidad y compartían los dormitorios con otros estudiantes internacionales. Había un gran prejuicio mediático hacia los musulmanes por los recientes ataques sucedidos del 9/11.

El Dr. Richard Ford fue siempre un gran líder del departamento, ecuánime, respetuoso y muy profesional. Nos hicimos buenos amigos de toda la vida. Fue la última persona que le dio respeto a nuestro departamento de lenguas y lo llevó a la cúspide, antes de empezar la decadencia total por la ineficiencia de los administradores posteriores, quienes no tuvieron el interés para sacar los programas de lengua adelante. Después de la jubilación de Richard en el 2004 como jefe, trajeron personas ajenas al departamento, quienes eran sólo administradores, pero nunca líderes. No tenían idea de lo que hacían o hacia dónde íbamos; eso nos llevó durante más de una década a la ruina departamental. Fue una pena, pues los números de inscripción de los estudiantes interesados en aprender español bajaron vertiginosamente. Los egresados de nuestro departamento se redujeron a casi nada en la segunda década del milenio, pero a los a causantes del desastre ni les importó, ni hicieron nada y todo su esfuerzo fue sólo para beneficio personal. Creo que nos merecíamos un premio por tener a los directivos más ineficientes. La ineficaz élite burocrática de algunos cuantos, nunca dejó llevar a cabo ningún proyecto ni tampoco propusieron alguno. *"Donde quiera se cuecen habas"*

XXI

DE TAXISTA A DIRECTOR DE CINE

"No todos los que chiflan son arrieros"

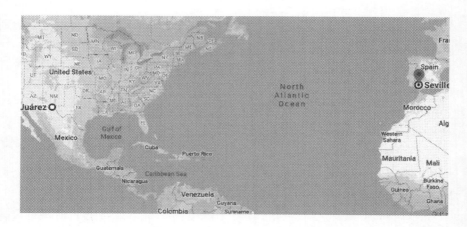

SOLÍA SER EL DIRECTOR de estudios en España de la universidad en los veranos. En cada viaje de estudios en el extranjero, terminaba con cientos de minutos de videograbación de los estudiantes y miles de fotografías, tenía que poner todo este material en perspectiva de alguna manera. En el 2011 cuando la decadencia de mi departamento estaba en su mayor auge, se me ocurrió una idea loca de filmar un documental en España. Mi iniciativa de llevar a cabo este disparatado proyecto fue rechazada con un rotundo *no* por parte de mi jefa en turno. Era de esperarse la negativa, pues si no era idea de la jefa había que echarlo al cesto de la basura, así son los celos académicos de algunos ególatras. Cualquier iniciativa de trabajo o proyecto de desarrollo para el estudiantado en mi departamento era nula en ese momento.

Posteriormente el siguiente año insistí en pedir permiso una vez más para llevar a cabo mi plan y la respuesta fue otra vez "no". Ya medio enojado por la ineptitud y falta de visión de la jefa en curso, fui a la oficina del decanato y la decana de ese tiempo me dijo, "Héctor, ve con cualquier otro jefe de Departamento y ellos trabajarán contigo, todo mundo sabe quién eres y de lo que eres capaz, yo te apoyaré".

Inmediatamente salí de la oficina del decanato y me topé con la Dra. Gina Núñez, quien era la jefa del departamento de Estudios de la Mujer. Le platiqué el proyecto y me dijo que ella me apoyaba y que contara con ella. Nunca volví a hacer un viaje de estudios en el extranjero con mi propio departamento sino con otros departamentos interesados en la educación.

Hablé con la presidenta de la Universidad, la Dra. Diana Natalicio y me dio también todo su apoyo y se juntó con todo el estudiantado para motivarlos. Formé un buen elenco para este proyecto: un cineasta y los estudiantes como personal cinematográfico para filmar, editar y ayudar con el sonido.

Fue todo aquella una gran aventura desde el primer día. Diego, camarógrafo y estudiante de producción, dejó el equipo cinematográfico al lado suyo mientras se registraba en la recepción del hotel. Acababa de llegar a Sevilla después de catorce horas de vuelo. De repente apareció un individuo de muy buen porte, con traje y corbata quien le preguntó que si aquel era su equipaje. Al contestarle Diego que sí, el tipo se lo llevó. Diego pensó que era el botones del hotel y cuando terminó de registrarse, le preguntó al recepcionista dónde habían puesto el equipaje.

El empleado del hotel le contestó, "se lo llevó su compañero"-

En ese preciso momento supimos que se había cometido un robo. Lo único que pudimos obtener fue la fotografía de las cámaras de seguridad de una persona corriendo con la maleta del equipo fílmico. Lo remplazamos al siguiente día con un bajo presupuesto y no desistimos de llevar a cabo el proyecto. "La inmadurez es un problema que con la edad se compone", le dije a Diego esa misma noche del robo.

Pudimos filmar intensamente por tres semanas en España durante el verano del 2011. Los españoles se paraban para vernos mientras filmábamos nuestras entrevistas por la ciudad y pensaban que estábamos grabando telenovelas, creo que era por el acento mexicano.

Parte importante del proceso de la filmación fueron los taxistas en España, quienes conocían lugares y personas con las que pudimos hablar, entrevistar y filmar. No hubiera sido posible sin la participación de ellos, ya que estaban en el momento y lugar adecuados cuando los necesitamos. Fueron ellos los informantes de muchas de las escenas y los espacios escénicos que eran necesarios.

En el 2012 estrenamos en España y en Estados Unidos el primer documental acerca del islamismo, judaísmo y cristianismo en Andalucía. En el 2014 estrenamos un segundo documental en dieciocho países acerca de los gitanos en España. La historia de ese documental da para una novela, pues era acerca de la cultura Roma y vaya que aquello fue una gran experiencia cultural.

Fue muy emotivo el día del estreno de ambos documentales. Cuando los estudiantes vieron el producto de su trabajo en la pantalla grande, no podían creerlo. Muchos de ellos después del viaje no participaron en la edición del material y se sorprendieron cuando vieron sus propias tomas fílmicas editadas profesionalmente. Los padres, abuelos y familiares de muchos de los estudiantes participantes nos felicitaron por ese logro. Fue muy conmovedor cuando al final pusieron mi nombre en los créditos como "Director Ejecutivo", lloré de la emoción. Le pregunté a Ramón Villa, director de producción, el por qué me había nombrado así en los títulos. Me explicó que ese es un título de las personas que hacen el esfuerzo de poner todas las piezas juntas en un proyecto cinematográfico, el cual era mi caso.

XXII

LOS ÁNGELES DE LA GUARDIA DE LOS TAXISTAS

"Abriga bien el pellejo si quieres llegar a viejo"

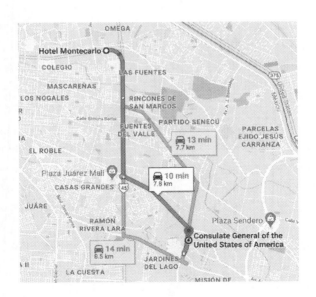

EN EL VERANO 2008, después de siete años de la muerte de mi padre, quise volver a subirme a un taxi, como un reto para volver a sentir aquellos olores, texturas y colores que pertenecían a mi infancia. Le pedí a uno de los choferes que tenía mi madre como encargado de uno de los taxis que me lo dejara manejar por unos tres días. Quería recordar y no olvidar aquello que me emocionaba tanto en mis años de taxista. Recuerdo que era un lunes temprano del caluroso mes de junio cuando me hablaron del hotel Mónaco. Recogí a una pareja con sus dos hijos. Se subió a un hombre con un rostro cansado y podía adivinar que tenía una gran preocupación. Él se sentó en el asiento de enfrente y la mujer con sus dos hijos ocuparon los asientos traseros. El hombre con la mirada desconfiada me dijo que por favor lo llevara al consulado estadounidense. Yo sabía que era otro cliente que venía a tramitar su visa consular. En el trayecto el hombre no me dijo mucho, pero platicaba airadamente con la esposa en libanés, su lenguaje natal, pues llevaba en todo momento su pasaporte en la mano y dejaba ver el país de donde provenía. Me preguntó que cuánto le cobraría por esperarlo mientras tramitaba su visa y le dije que no se preocupara, que yo le echaría la mano. Después de haber hecho mis estudios en la universidad y haber culminado mi profesión, aquello de cobrar en el taxi no me importaba mucho en ese momento. En aquel momento el aspecto humano era lo que más importaba.

Después de tres horas de espera, el hombre salió del consulado con el rostro desencajado de aquellas oficinas atiborradas de extranjeros. Mencionó que su visa se le había caducado, igualmente la de sus hijos y su esposa un día después de haberse graduado como médico pasante. Él no sabía qué hacer pues estaba en un país donde desconocía el lenguaje. La incertidumbre pareciera que era lo que le preocupaba como padre de familia, pues parecía que no se solucionaría prontamente su cuestión legal.

Le pregunté si podía hacer algo por él, pero ni él sabía la respuesta. Su mirada estaba perdida en el espacio como si estuviera en otro mundo y no sabía qué decirme. Me dio mucha pena su situación como inmigrante, pero sobre todo porque llevaba a su familia.

Le dije. —"no se preocupe, todo iba a salir bien"-

La situación no dejaba de ser seria en su caso, sobre todo cuando las leyes migratorias habían cambiado tanto en los últimos años desfavoreciendo a los islámicos.

En el trayecto de regreso me contó que había terminado su carrera de medicina en oncología y que su sueño era salvar vidas para mitigar el dolor. No entendí en ese momento la envergadura de su problema. Estar con su familia varada en la frontera donde había más asesinatos que en el resto del mundo debía de haber sido aterrador. Es difícil poder imaginar la dificultad y la seriedad de una situación tan crítica por la cual pasan los inmigrantes, tan lejos de su patria.

No podía comprender lo que representaba para un recién egresado de medicina estar en la frontera más violeta del mundo en ese momento, sobrellevando una situación donde su paradero estaba pendiendo de un hilo.

Después de dos días en la frontera, le dieron su visa para volver a Estados Unidos bajo una condición precautoria, pues como muchas de las personas de medio oriente, él representaba un riesgo para la nación, aunque tuviera un título de practicante de medicina. Lo llevé al centro de El Paso y lo dejé en el hotel, con lágrimas en los ojos me dio un buen apretón de manos y nos despedimos.

XXIII
DE TAXISTA A ESCRITOR DE LIBROS

*"Buena memoria es la escritura,
pues para siempre dura"*

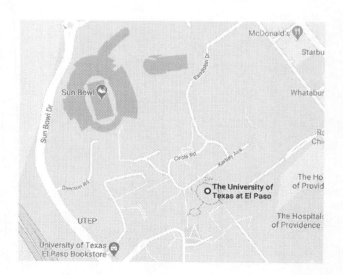

EN EL 2008 TRABAJABA hombro a hombro con el Dr. Richard Teschner, hombre excéntrico y muy reconocido dentro del campo de la lingüística. Él era el autor de algunos de los libros de texto más reconocidos dentro del mundo de la enseñanza para los hispanohablantes. Vino un día a mi oficina y me invitó a participar como coautor de la siguiente edición de unos de sus libros para hispanohablantes. Esta oportunidad de ser coautor me trajo prestigio, credibilidad y mucho éxito en mi vida como profesor. No fue fácil el colaborar con un académico de su calibre por el reto que conllevaba, pero era a la vez un desafío profesional a cumplir.

En mi vida académica me he topado con grandes personas, profesionalmente hablando. Muchos de ellos me han guiado y ayudado en mi carrera como profesor. La mayoría de ellos han sido grandes personas y mucho de ellos han sido mis grandes amigos. También conocí el lado oscuro de la academia, la maldad de muchos de los profesores quienes lo acechaban y lo envidiaban a uno desbordadamente sólo por el placer de hacerlo: gente *mala leche*, como decía mi compañero Arturo.

Siempre fue un placer sentarme a escuchar los chismarajos de Richard Teschner con algunas de sus historias fantásticas y otras muy reales de nuestra institución. Creo que esos chismes de pasillo darían material para escribir otro libro, pero creo que Richard ya lo tendrá para un futuro cercano. Él me ayudó y me conectó con muchas personas importantes de las publicaciones en el *mundillo académico*, como él decía. Al entrar al mundo editorial, encontré otras tantas personas quienes me ayudaron a aprender cuestiones de tecnología y desarrollo de textos más avanzados para la enseñanza de la lengua. Aprendí la importancia de juntarse con los buenos y quienes saben más, porque de otra manera uno se estanca.

La casa editorial Pearson me hizo partícipe como consultor académico por varios años. Ellos tenían un grupo elite de asesores en Estados Unidos, el cual era liderado por Steve, Tiziana, Denise y Samantha, incluyendo al gurú en la tecnología editorial Bob Hummer, un gran humanista. Concentraban a este grupo de consultores en diferentes partes de Estados Unidos dos veces al año para hacernos preguntas en una sala de conferencias por ocho horas por dos días consecutivos. Era exhaustivo aquel ejercicio académico, pero era la manera de crear una plataforma y contenido educativo digital para el futuro venidero. Aquel grupo estaba conformado por diferentes tipos de inteligencias fantásticas. Respecto a mi partición con el grupo, siempre me daban la oportunidad de comentar los colores de las portadas y el diseño, creo que nivel de mi autismo no diagnosticado me permitía ver tonalidades y matices que otros no veían. Me guastaba mucho trabajar con todas aquellas magnificas personas porque eran brillantes en todo lo académico, sin posturas arrogantes.

En este grupo aprendí que siempre el trabajo en equipo, tiene resultados sorprendentes.

XXIV
DE TAXISTA A ENFERMERO

"A cualquier dolencia es remedio la paciencia"

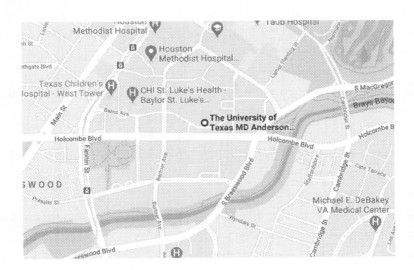

EL 24 DE DICIEMBRE del 2018 me enfrenté a una de las etapas más difíciles de mi vida como ser humano. Mi esposa estaba en el hospital citadino después de haberse fracturado un brazo sin una razón válida. Después de varios estudios, el doctor me hizo muchas preguntas de su historial médico.

Le dije. —"Ella siempre ha sido muy sana"-.

Me vio con una mirada de tristeza y me dijo, - "Su esposa tiene cáncer de medula, llamado múltiple mieloma, está en una etapa avanzada"-.

Al ver mi tristeza, me dio esperanzas de que se pondría bien con los tratamientos existentes hasta el momento para tal enfermedad. Ella se había desmayado el día de la fractura por la debilidad de una anemia causada por ese tipo de padecimiento y todo su sistema óseo estaba resentido.

Era la segunda vez que yo me enfrentaba al cáncer de un ser querido, mi padre murió a consecuencias de los estragos causados por esa enfermedad.

El doctor Pangiotis Valilis, de nacionalidad griega, me dijo, - "Héctor, esta mujer va a vivir otros treinta años, no te preocupes"-.

Eso fue lo que se me quedó en la mente en ese momento, la esperanza de aquellas palabras benévolas siempre las llevo en mi corazón.

El doctor agregó, - "Ella no tiene cáncer, el que lo tienes eres tú, porque la tienes que cuidar'-.

Le agradecí al doctor sus sinceras palabras, pero seguía sin entender la situación y al ver las radiografías de una persona tan desquebrajada, no concebía en ese momento como iba a ser la reconstrucción de aquel daño físico de la persona a quien más amaba.

Esa noticia devastadora de la enfermedad fue mi regalo de Navidad ese 24 de diciembre. Lo tomé con calma y ahí empezaba una nueva realidad. Habría que probar de qué estaba hecho y no flaquear.

Mi esposa siempre fue de una complexión saludable y fuerte, además de una hermosura muy peculiar, tanto física como espiritual. Era una de las mejores personas, amiga y madre. Ella me enseñó los aspectos espirituales de la vida, me guio a ser buen padre y esposo. No acababa de entender en ese momento el por qué pasábamos por esta situación tan difícil.

Su desgaste físico habría de haber sido de varios meses, o probablemente de años, pero nunca se reflejaba en sus exámenes médicos anuales. Quedó en una silla de ruedas sin poder caminar y sin valerse por sí sola. Su tratamiento protocolario fue la quimioterapia y la radiación en los huesos dañados. Aquello le causaba estragos físicos que la hicieron perder todo el interés por su entorno en aquel momento. Aunque siempre mostraba su mejor sonrisa a los doctores y radiólogos. Creo que todo el personal médico la admiraba. Ella siempre me decía, "-quiero ser una buena paciente"- Siempre lo fue.

La situación era demasiado difícil para toda la familia, nuestros hijos nos apoyaron incondicionalmente. Mi trabajo en la universidad de coordinador lo pude hacer desde la computadora mientras yo la cuidaba en el hospital. Me sentía en deuda con mi esposa por todo aquello que había hecho por sus hijos y su gran amor hacia nosotros. En todo momento tuve siempre la fiel convicción de su completo restablecimiento.

Tenía ya un brazo roto y el fémur a punto de quebrarse por la débil densidad de sus huesos. Nos refirieron con una oncóloga ortopedista, llamada Lisa Kafschinski. Ella nos citó para evaluarla en su consultorio. Ese día de consulta mi esposa tenía mucho dolor físico, nunca lo voy a olvidar, porque la primera pregunta de la doctora a nosotros fue, —"¿Podemos interrumpir esta entrevista para hacer oración? -.

La doctora Kafshinski era realmente como un ángel caído del cielo. Marcó nuestra vida en ese momento y supimos que Dios le había puesto a ella como paciente los medios para mitigar su dolor a través de las manos de un ser con el don de curar.

Mi esposa pasó por el quirófano en febrero del 2019 para restaurar sus huesos desquebrajados por los estragos del cáncer. La doctora Kafschinski le hizo dos magníficas cirugías en un solo día; una en su brazo izquierdo y otra en su fémur derecho.

En marzo del 2019 El doctor Valilis nos refirió al hospital MD Anderson de Houston para un trasplante de médula ósea. Ella había quedado en una silla de ruedas. La evaluarían para ver la magnitud del daño que le había causado el cáncer y saber si era candidata a tal procedimiento.

Cuando llegamos a Houston, el especialista de múltiple mieloma después de ver las radiografías preguntó, - "¿Quién le hizo la cirugía de sus huesos? -.

La respuesta mía fue, - "la doctora Kafschinski en El Paso. Fueron dos cirugías el mismo día"-.

Le mencioné, - "esa doctora ora con sus pacientes antes de la consulta"-.

Agachó la mirada al reporte médico, no preguntó más, pero agregó, - "tiene que haber sido alguien con un gran don"-.

- "Creo que sí"- le contesté.

Ese especialista me explicó las posibilidades de vencer al cáncer. Su diagnóstico era poco alentador y me explicó las complicaciones del tratamiento. Aquella plática era como leer las letras pequeñas de un medicamento, las cuales nadie las lee, pero sabemos de los devastadores efectos secundarios, los cuales no queremos saber.

Aquel hospital era un mundo de doctores, enfermeras y pacientes. El especialista de mieloma múltiple me mandó con otro experto, perito en trasplantes de médula, estaba ubicado en el mismo edificio. Aquellos pasillos parecieran un campo de guerra, donde muchos pacientes estaban heridos de muerte. Nunca voy a superar esas imágenes en mi mente.

Los médicos la evaluaron en esa semana para ver si era aspirante a un trasplante de médula ósea. La intención era poder eliminar aquel mal, el cual no sabíamos porque había llegado. La lucha para erradicarlo apenas empezaba.

Cuando llegamos al centro de trasplantes de médula ósea, grande fue mi sorpresa al ver después de once años a aquel doctor libanés quien había conocido en Ciudad Juárez en el taxi. Era el jefe de trasplantes en el Hospital MD Anderson de Houston.

Lo primero que recuerdo fueron sus palabras al decir, - "- ¿Qué pasa con esta pareja que parece de treinta años? - y sonrió.

Quiso reconocerme al igual que yo a él. No dijimos nada en ese momento. Los hermosos ojos de aquella gran compañera le brillaron intensamente, ella sabía quién era ese hombre de luz.

A mi esposa la confinaron por un largo tiempo en el hospital y me entrenaron para ser su enfermero de médula ósea: limpiar catetes, tomar notas, asearla, dar medicamentos, anotar entrada y salidas de todo lo que ingiriera y desechara, entre otras tantas labores.

Después de tres meses intensos al cuidado, evitando que decayera o se enfermara por la debilidad de su sistema inmunológico, volvió a caminar.

Yo no entendí al principio cómo funcionaba aquella cuestión hematológica, pero el Dr. Sour me explicó que, en un trasplante de médula, las células madre extraídas son entrenadas como un ejército de soldados para pelear en contra de las células cancerosas. Había que sacar esas células madre, para luego limpiarlas y volverlas a inyectar. Después, el procedimiento era llevar al nivel cero al sistema inmunológico con la quimioterapia y antes de colapsarse la fuerza del cuerpo, le inyectarían su propio ejército de células madre nuevas para ganar esa guerra.

Tarda algunos días el ver resultados después del tratamiento y saber quién va ganando la batalla de los soldaditos, como el doctor les llamaba. Son momentos muy críticos donde el paciente pierde el cabello, se siente casi morir y pierde temporalmente su capacidad cognitiva. Las células blancas poco a poco vuelven a reaparecer gradualmente, el cuerpo comienza a restablecerse y a defenderse con aquel nuevo ejército. Es un procedimiento médico fenomenal, pero a la vez que pone la vida del paciente al borde de la muerte.

Después de algunas semanas ella se fue sanando paulatinamente y empezó a restaurarse, su mal se fue disminuyendo. Su recuperación empezó a paso lento.

Las enfermeras que entraban al cuarto el día del trasplante le cantaban "Feliz Cumpleaños", porque decían que había nacido una nueva persona. El tres de junio del 2019 dieron una nueva vida con un trasplante exitoso en ese momento.

Mi esposa nunca habló de esos momentos críticos de su hospitalización, parece haber borrado de su memoria ese periodo del trasplante, pues nunca recordó esos momentos de dolor. Creo que eso fue lo mejor, no quisiera yo que se recordara aquel sufrimiento por el cual tuvo que pasar. Ojalá y yo pudiera borrarlo también algún día.

Para mí, el haber estado en el hospital durante aquellos días fue muy impactante y me di cuenta de que el cáncer de una persona no es el más mayor mal del mundo. Aquellos pasillos de la clínica eran como estar en la antesala de la muerte. Algunos pacientes se iban restableciendo paulatinamente con la expectativa de sanar, la esperanza estaba presente en cada uno de esos corazones. Creo que ese anhelo de vivir mitigaba la enfermedad y el sufrimiento interno de muchos de ellos. Ver aquello era como ser espectador de un teatro de enfermedad y tristeza.

Siempre voy a recordar al Dr. Sour quien tuvo la entereza para ayudar a su esposa e hijos y darles una oportunidad de vida en Estados Unidos, al igual la tuvo para salvarle la vida a mi esposa. Creo que lo hizo con muchos otros pacientes antes que con nosotros. Un gran hombre el Dr. Sour, quien a pesar de todas las vicisitudes económicas, raciales, políticas y adversas de su vida de aquel tiempo, pudo completar su cometido de curar a sus pacientes con un gran apego y cariño a su profesión.

Gracias a personas como él, muchos mantenemos la esperanza de vida para enfrentarnos con nuestro propio terrorista: nuestro propio cuerpo.

XXV
EL COMIENZO DE UNA NUEVA ETAPA

"Retírate del trabajo y la presión, no de la vida y de la diversión"

A FINALES DEL 2020 decidí jubilarme como profesor en la universidad para trabajar en el desarrollo de nuevas tecnologías para la enseñanza en línea después del COVID. Durante la pandemia de ese año, el sistema educativo evidenció muchas de sus deficiencias administrativas y académicas respecto a las humanidades. Hubo, y hay, profesores que rechazaron los nuevos métodos tecnológicos de la educación y refutan la idea del aprendizaje en línea. La vieja escuela de académicos objetó por los cambios inevitables que sucederían forzosamente en una época de reajuste. Los más soberbios dijeron, "clases en línea sobre nuestro cadáver", fue aquello un suicidio masivo al rechazar la tecnología.

La ineficacia académica, visible de muchos departamentos, las ideas retrogradas en las aulas y la arrogancia de muchos profesores, sucumbieron frente a un virus, llamado COVID-19.

La educación inevitablemente tenía que tornarse a la modernidad y dejar las prácticas del Siglo XI. Al reformarse la educación, muchos perdieron sus trabajos y dejaban de ser hidalgos. Fue un gran beneficio para los estudiantes y para la humanidad la llegada de una pandemia.

Espero poder tener éxito en esta nueva emprenda como escritor, la vida, al igual que el taxi, siempre nos pone a las personas acertadas en el camino.

"No es la especie más fuerte la que sobrevive, ni la más inteligente, sino la que responde mejor al cambio" Charles Darwin

Printed in the United States
by Baker & Taylor Publisher Services